GUNDERMANN
Von jedem Tag will ich was haben, was ich nicht vergesse …

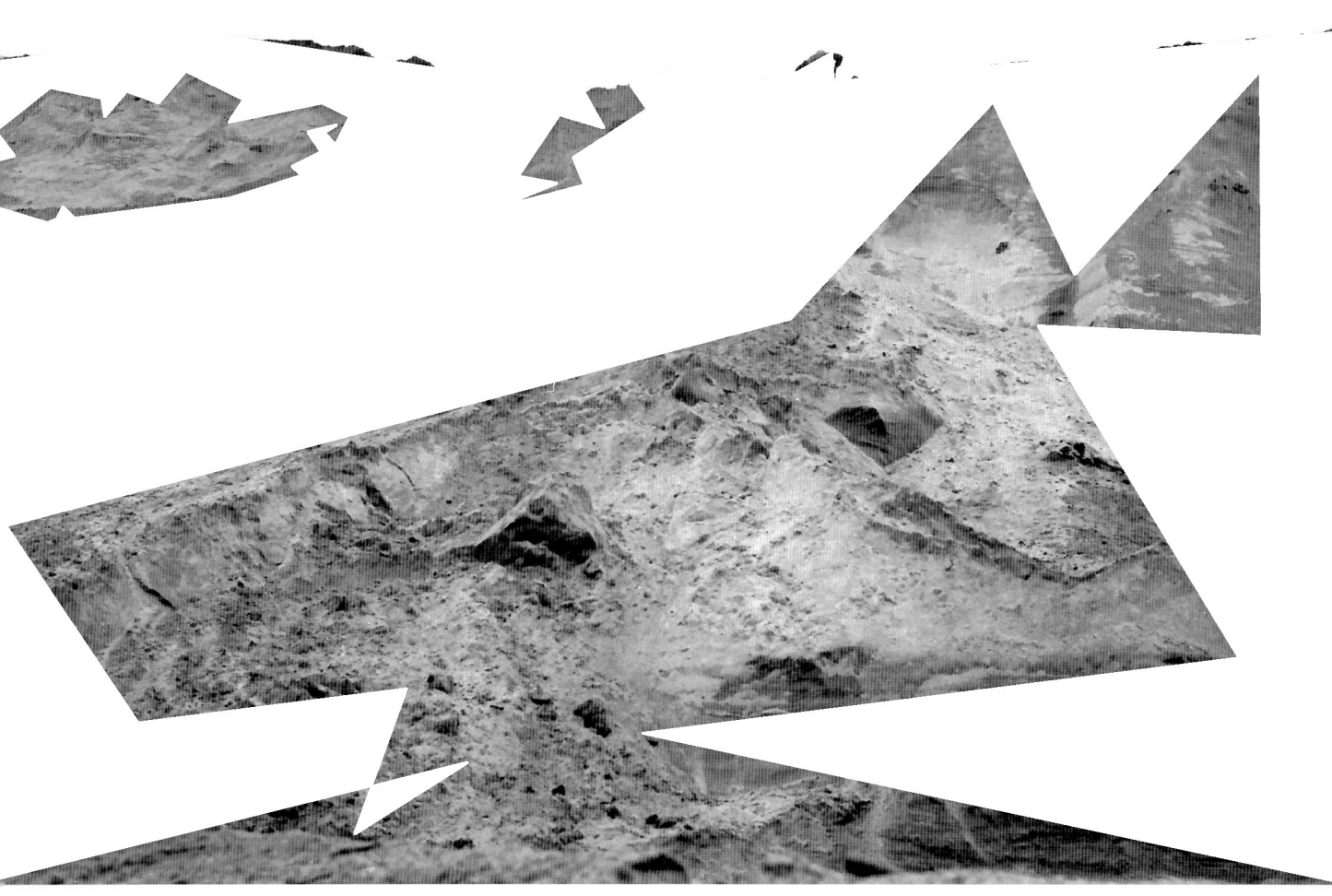

Andreas Leusink (Hg.)

GUNDERMANN

Von jedem Tag will ich was haben, was ich nicht vergesse …

Briefe, Dokumente, Interviews, Erinnerungen

Ch.Links VERLAG

Dieses Buch entstand in Kooperation mit dem Theaterverlag henschel SCHAUSPIEL.

Die Deutsche Nationalbibliothek verzeichnet diese Publikation in der Deutschen Nationalbibliografie; detaillierte bibliografische Daten sind im Internet über www.dnb.de abrufbar.

Ch. Links Verlag ist eine Marke
der Aufbau Verlage GmbH & Co. KG

5. Auflage, 2022
© Aufbau Verlage GmbH & Co. KG, Berlin 2022
Die Erstausgabe erschien 2018 im
Christoph Links Verlag GmbH.
www.christoph-links-verlag.de
Prinzenstraße 85, 10969 Berlin
Umschlaggestaltung: Nadja Caspar, unter
Verwendung eines Fotos von Andreas Höfer
(Gerhard Gundermann im Tagebau 1988, vorn)
und eines Fotos von Peter Hartwig
(Alexander Scheer als Gerhard Gundermann
im Film GUNDERMANN 2017, hinten)
Umschlagklappen: Volker Palme (vorn),
Peter Hartwig (hinten)
Satz: Nadja Caspar, Ch. Links Verlag
Druck und Bindung: Graspo CZ, Tschechien

ISBN 978-3-96289-011-7

Inhalt

Für die einen Stützen des Gedächtnisses, für die anderen Flügel der Fantasie
Andreas Leusink: Ein Vorwort   7

Sehnsucht nach einem Leben ohne diesen Druck
Conny Gundermann im Gespräch mit Birk Meinhardt   11

Szene
Aus dem Drehbuch zum Film von Laila Stieler   23

Lieber Vati!
Andreas Leusink: Der Umzug nach Hoyerswerda und die alle zermürbende Trennung der Eltern   27

Szenen
Aus dem Drehbuch zum Film von Laila Stieler   35

Ich mochte seinen Humor und dass er keinen falschen Respekt kannte.
Lutz Kerschowski: Sieben Jahre Zusammenarbeit mit Gundermann   39

Viel Arbeit für ein Lächeln
Ingo »Hugo« Dietrich: Unsere Zeit bei der *Brigade Feuerstein* in Hoyerswerda   47

Flötentöne raus, Gitarrenschub rein
Tina Powileit, Mario Ferraro, Sebastian Deufel und Jens Quandt im Gespräch mit Jürgen Balitzki   63

Szene
Aus dem Drehbuch zum Film von Laila Stieler   77

Die sieben Jahre als Genosse »Grigori«
Christiane Baumann: Akten, Einsichten und Fragen   83

Gundermann und seine Partei
Andreas Leusink: Ein Zwischenruf   91

Und dann diese Leere, diese Stille
Laila Stieler: Notiz über einen Besuch in Hoyerswerda im Jahre 2009   104

Meine Reue kriegt ihr nicht.
Laila Stieler im Gespräch mit Maxi Leinkauf   109

Teamfotos von den Dreharbeiten   122

Als ich das Drehbuch gelesen hatte, wusste ich, das ist mein Film!
Alexander Scheer im Gespräch mit Birk Meinhardt   129

Szenenfotos aus dem Film   145

Wir wollen die Deutungshoheit über unsere Biografien zurück!
Andreas Dresen im Gespräch mit Birk Meinhardt   161

Anhang
Autorenverzeichnis   174
Danksagung   178
Rechtenachweis   178
Besetzung und Stab des Films GUNDERMANN   179

Für die einen Stützen des Gedächtnisses, für die anderen Flügel der Fantasie

Ein Vorwort von Andreas Leusink

Manchmal fallen mir ein paar musikalische Takte ein, ich erinnere mich an eine Zeile und suche nach dem Kontext. Das ist nicht immer einfach, weil Gundermann die sprachlichen Bilder oft wechselt, scheinbar wie es ihm gerade in den Sinn kommt. Eben noch »schickt dein Magen den Schnaps zurück« und in derselben Strophe »liegt [dein Herz] blank« »und dir fall'n die Tassen aus dem Schrank«. Es geht hin und her bei ihm und ganz woanders hin.

BRUNHILDE finde ich dennoch ein ganz zauberhaftes Lied. Besonders trifft mich der Moment, in dem die Gitarre einen überraschenden Akkord schlägt und der zweistimmige Gesang einsetzt: »Und was sollte besser sein als so ein Abend im Frieden«. Ist mir diese Stelle wieder eingefallen, begleitet sie mich ein paar Tage, bevor sie erneut in den Hinterkopf geschoben wird, um sich einige Tage, Wochen, Monate später wieder langsam suchend aufzudrängen und für eine Weile in meiner Seele zu sitzen.

Heute werden an vielen Orten der Erde Konflikte geschürt, immer mehr und immer schneller. Und andere Menschen mühen sich, sie zu klären, aber das Tempo dieser Kämpfe ist sehr hoch. Und dann kommt so ein einfacher Satz daher: »Und was sollte besser sein als so ein Abend im Frieden«. Einfach und entwaffnend. Das finde ich wunderschön gelöst von Gundermann. Für mich ist BRUNHILDE ein zartes Liebeslied und ein starkes Lied vom Frieden in einer Nachkriegszeit.

In der veröffentlichten Studioaufnahme erklingen ganz am Anfang nur Bass, Gitarre und Klavier. Diese Phrase erinnert mich an die Vertonung von ILJA MUROMEZ der Berliner Gruppe *Regenmacher,* entstanden 1977/78 als Teil eines Konzertprogramms, für das Gundermann eine Reihe von Texten geschrieben hatte. Ilja Muromez war einer seiner mythischen Helden, ein alter, müder Kriegsmann, der »sein Herz in Eisen legt«, weil er die Armen verteidigen muss.

Lutz Kerschowski erzählt von jener Zusammenarbeit. Was in diesem Buch noch zu finden ist:
Die Arbeitsweise Gundermanns und der *Brigade Feuerstein* schildert Ingo »Hugo« Dietrich. Er war einer der wenigen langjährigen Freunde und Weg-

Am Drehort: Tagebau Nochten, Herbst 2017

begleiter Gundermanns. Dietrich berichtet sehr genau von den Anfängen in Hoyerswerda, vom Leben in der Stadt, und wir verstehen, welchen Lauf Geschichte hier und da nehmen kann. Eine engagierte Chorleiterin, die begabten Brüder Magister und noch ein, zwei gute Umstände, aus denen sich etwas Besonderes ergeben hat.

Conny Gundermann weist uns im Interview von Birk Meinhardt darauf hin, dass ihr Mann sich seine charakteristische melancholische Haltung erst sehr spät eingestand. Der wehmütige Ton in vielen seiner Lieder wurde sicher auch von den Erfahrungen seiner Kindheit gestimmt. Aus der Kenntnis einer ganzen Reihe von Dokumenten und Briefen habe ich in dem Kapitel »Lieber Vati!« versucht, die Familiengeschichte zu beschreiben. Dabei geht es insbesondere um die entscheidenden Jahre 1965 bis 1967, Gerhard Gundermann war damals zehn bis zwölf Jahre alt. Er ist ohne seinen Vater erwachsen geworden, vermutlich hat ihn auch das für die Anwerbung der Staatssicherheit empfänglich gemacht.

Über seine möglichen Motive schreibt Christiane Baumann. Und zwar aus der Erfahrung jahrelanger Recherchen zum Leben von Künstlern und Intellektuellen in der DDR und ihrem Wissen, wie das MfS deren Schaffen beeinflussen wollte. Sie versucht, Gundermanns »inoffizielle Mitarbeit« einzuordnen und vor allem jenen Punkt zu beschreiben, an dem seine Beziehung zum MfS umschlug und er selbst zum Objekt der Kontrolle wurde. Baumann hat übrigens Teile der Opferakte Gerhard Gundermanns gelesen, die mehr als zwei Jahrzehnte verschollen schienen und nun endlich gefunden worden sind.

Die Beziehung zwischen Gundermann und der Stasi besitzt einen Kontext, dazu gehören seine Auseinandersetzungen mit Funktionären der SED. Manches davon ist bereits in der verdienstvollen Publikation GERHARD GUNDERMANN. ROCKPOET UND BAGGERFAHRER von Hans-Dieter Schütt erschienen. Wir konzentrieren uns folglich im Wesentlichen auf zwei Details, die bisher kaum bekannt sind, eines davon ist Gerhard Gundermanns Brief an Horst Dohlus. Wer den Brief genau liest, kann seine Not verstehen. Wenn wir denn verstehen wollen.

Jürgen Balitzki hat vier Musiker zu einem Gespräch eingeladen: Tina Powileit und Mario Ferraro von der *Seilschaft*, jener Band, mit der Gerhard Gundermann in den neunziger Jahren lange Zeit zusammen aufgetreten ist, Sebastian Deufel von der Studioband, welche zahlreiche Titel von Gundermann neu eingespielt hat, und schließlich Jens Quandt, der gemeinsam mit Gundermann auf Tour war. Jens Quandt ist auch der Music-Supervisor der Filmproduktion. Sie diskutieren unter anderem die Frage, warum das Filmteam sich für eine Neuaufnahme aller Songs entschieden hat.

Wir gehen ausführlich auf den Film GUNDERMANN ein. Die Drehbuchautorin Laila Stieler gewährt uns einen Einblick in ihre Arbeit. Wir drucken Recherchenotizen ab und einige ausgewählte Szenen. Im Interview von Maxi Leinkauf erfahren wir, wie Laila Stieler die Filmfigur Gundermann geschaffen hat. Stieler berichtet von der Stoffentwicklung, von ihrer Recherche und der Beziehung zu Andreas Dresen. Beide haben bei einer ganzen Reihe von Filmen zusammengearbeitet. Gut befreundet und einander stark vertrauend haben sie ihre Vision von einem Film und ihre Sicht auf Gundermann und sein Leben in Hoyerswerda nie aufgegeben. Seit mehr als zehn Jahren habe ich Drehbuchautorin und Regisseur auf diesem Weg begleitet, der selten geradeaus führte. Aber manche Seitenpfade waren notwendig, um mehr und mehr herauszufinden, was eigentlich das Ziel ist und wie man wirklich dorthin gelangt.

Regisseur Andreas Dresen beschreibt in seinen Antworten auf die Fragen von Birk Meinhardt die Faszination von Gundermann, welche ihn die Mühen aushalten ließ. Wir erfahren, was Dresen all die Jahre motiviert hat, wie intensiv und aufregend der Dreh im Tagebau verlief, und können begreifen, wie es ihm und seinen Mitstreitern seit nun mehr als drei Jahrzehnten gelingt, so außergewöhnliche Filme zu erschaffen.

Und zuvor Alexander Scheer, der die Figur von Gundermann so unglaublich intensiv spielt, sie uns so genau darbietet. Der Schauspieler spricht darüber, wie Verhältnisse und Beziehungen 1989 und 1990 aufgebrochen sind, über seine Arbeit an der Volksbühne Berlin und wie am Ende der Film zu ihm kam, warum ihn diese Sache gereizt hat. Er behauptet: »So eine Rolle kriegst du kein zweites Mal.« In Gestik und Mimik ist Scheer nahe an Gerhard Gundermann. Birk Meinhardt erfragt diese ungeheure Annäherung des Schauspielers an seine Figur. So erleben wir alte Zeiten als kaum vergangene. Sie gehören zu uns.

Davon zeugen auch die zahlreichen Fotos, die hier veröffentlicht sind. Die Bilder von Andreas Höfer sind vor etwa dreißig Jahren entstanden, als er Gundermann eine längere Zeit begleitet hat. Höfer ist auch der Kameramann des Films. Die Aufnahmen vom Filmteam und von den Szenen stammen von Peter Hartwig, der auch Herstellungsleiter des Films war. Für die szenischen Fotos haben wir am Ende dieses Bandes zwischen zwei Interviews einen eigenen Block geschaffen. Da lässt sich ahnen, wie präzise Maske, Kostüm, Szenenbild und Regieteam gearbeitet haben.

Mit diesem Lesebuch möchten seine Autoren, Fotografen und der Herausgeber eine Biografie vorstellen. Ganz und gar nicht vollständig. Wie kann es anders sein? Und auch nicht zwingend chronologisch. Eher mäandernd, mal hier-, mal dorthin schweifend. Da stehen Briefe neben Erinnerungen, Dokumente neben Interviews, Fotos neben Berichten. Für die einen Stützen des Gedächtnisses, für die anderen Flügel der Fantasie. Daneben gibt es Lücken und Löcher. Die sind schnell bemerkt und nur langsam oder eben gar nicht zu schließen. Beispielsweise haben wir uns mit den neunziger Jahren nicht so intensiv beschäftigt, vor allem weil diese Zeit in anderen Publikationen und im Internet gut dokumentiert ist.

Gundermann zuzuhören, seiner Kindheit in Weimar und Hoyerswerda nachzuspüren, seine Sehnsucht nach dem verlorenen Vater zu ahnen, seinen ewigen Kampf zu verstehen, seinen glühenden Idealismus zu erkennen und seine an glücklichen Tagen rastlose Suche nach Liebe zu bemerken, mag unsere Neugier wecken auf einen Menschen aus unserer Nähe.

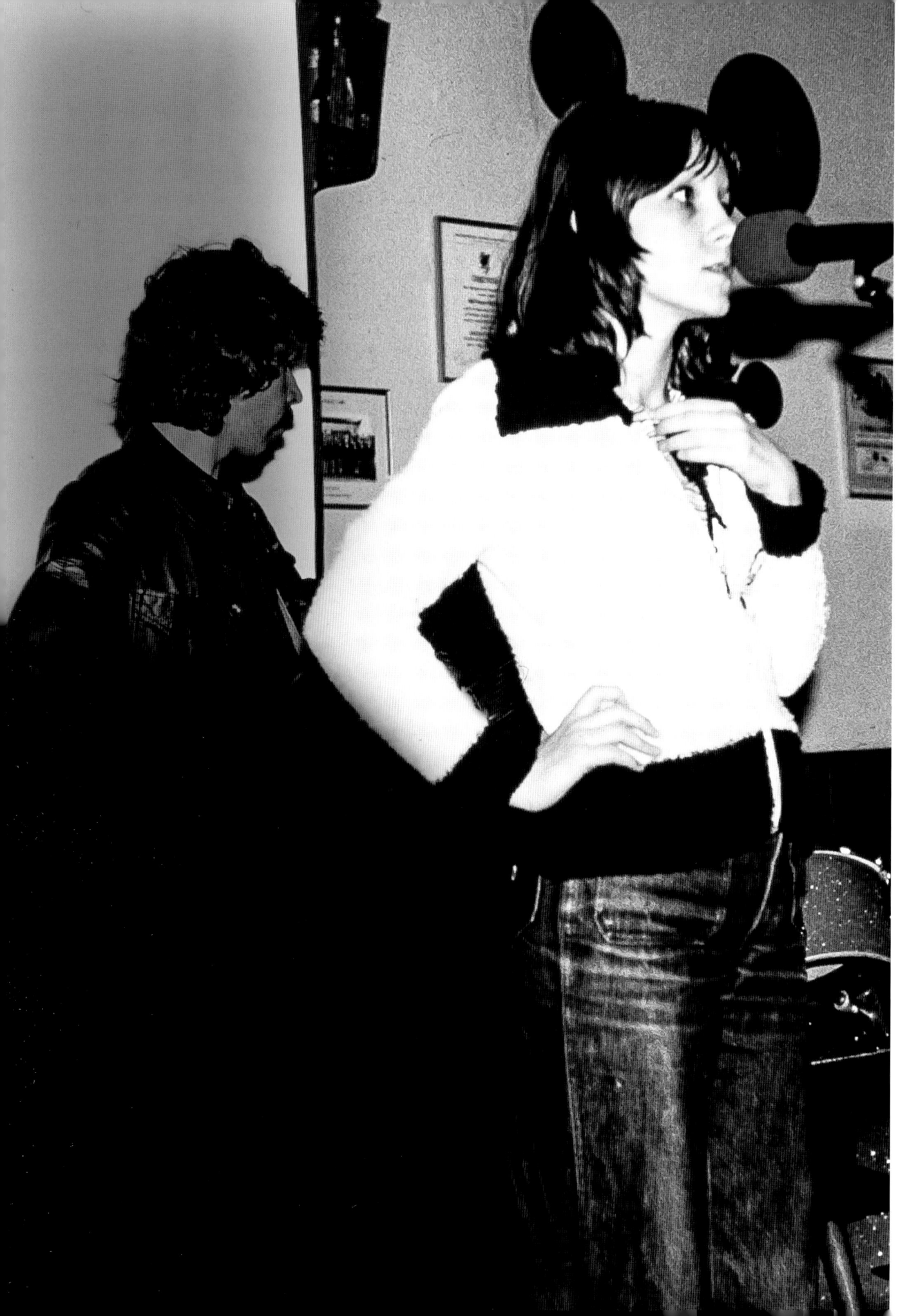

Sehnsucht nach einem Leben ohne diesen Druck

Conny Gundermann im Gespräch mit Birk Meinhardt

Wir sitzen hier in Ihrer Wohnung in Prenzlauer Berg, in Berlin. Wann sind Sie weg aus dem Reihenhaus bei Hoyerswerda, in dem Sie mit ihm gewohnt haben?
Fünf Jahre nach seinem Tod, ich habe mich einsam gefühlt, dort mitten im Wald. Ich dachte in der Zeit nur immer, ich kann doch hier nicht fortgehen – bis ich begriffen habe, ich muss, ich schleppe den Gundi sowieso überallhin mit, ich verliere ihn nicht, bloß weil ich dieses Spreetal verlasse. Es ist einfach so: Bevor einer stirbt, weißt du nicht, woran später dein Herz noch hängt und woran nicht mehr. Zum Beispiel sein Fleischerhemd von den Auftritten, das habe ich leicht weggeben können, es ist ja auf jedem Foto zu sehen, ich brauche es nicht. Aber seinen Wohnungsschlüssel habe ich noch ewig bei mir gehabt.

Ich denke mir gerade, im Wald zu leben, hat zu ihm gepasst, aber im Reihenhaus?
Ich finde, es passte gut zu uns. Aber Gundi war auch zerrissen. Einerseits war er ganz weit offen, sonst hätte er ja auch nicht solche Lieder schreiben können. Und andererseits war er schon etwas unspontan. Wenn wir unterwegs waren, musste immer eine Mikrowelle mit, damit er sich seinen Schokokaffee warmmachen konnte.

Das ist aber zunächst mal nur ein Ritual.
Ja, er musste ankommen mit der Gewissheit, dass es dort auch gemütlich ist.

Was bedeutete denn Gemütlichkeit für ihn?
Nichts tun. Faul sein. Und das war ja auch logisch. Wenn er Frühschicht hatte, musste er um drei Uhr raus. Dazu die Konzerte, die Proben, er hat in der Regel nicht mehr als drei Stunden geschlafen, er hat immer am Limit gelebt. Und dann gab es, quasi zum Ausgleich, eben diese Trägheitsphasen. Die er aber auch nicht genießen konnte. Im Grunde ärgerte er sich schon während des Nichtstuns, dass er nichts tat.

Seine Programme, hört man, sind immer auf den letzten Drücker entstanden.
Im Kopf ist da vorher schon ganz viel passiert. Aber er war kein kontinuierlicher Arbeiter und damit auch kein Schreiber für die Schublade. Er brauchte

Conny Gundermann, Pfingsten 1977

einen Termin, und wenn er diesen Zeitdruck hatte, dann konnte er unheimlich produktiv sein. Dann war ihm jeder im Weg.

Sie und die Kinder durften partout nicht stören? Über Peter Handke geht die Geschichte, er habe seine Freundin geohrfeigt, weil sie in sein Arbeitszimmer getreten sei …
Um Gottes willen, nein. Gundi wollte nicht gestört werden, das stimmt schon, aber wir sollten bitte im Haus sein, er mochte unsere Stimmen und die Geräusche, die wir machten, um sich herum. Wenn die, also wenn wir nicht da waren, brachte er kaum was zustande. Ich erinnere mich, einmal hat er uns in den Winterurlaub gefahren, um zu Hause zu arbeiten, und als er uns nach einer Woche wieder abholte, hatte er nichts geschafft. Darum ist er, obwohl er überhaupt kein Winterurlauber war, das nächste Mal mitgekommen.

Zurück zu seinem Schaffensrhythmus, brauchte er das vielleicht, immer so am Rande der Erschöpfung zu arbeiten?
Glaube ich nicht. Er hat es nur nicht anders gekonnt. Die Sehnsucht nach einem Leben ohne diesen Druck war immer da. Ich weiß nur, von einem bestimmten Zeitpunkt an hat er sich gern in eine Melancholie hineinbegeben, in der er sehr schöpferisch gewesen ist.

Und der Zeitpunkt war?
Als er mit *Silly* zu arbeiten begann. Ich glaube, man merkt seinen späteren Liedern die Melancholie auch an, in der sie entstanden sind.

Aber sie war doch in ihm angelegt?
Richtig, nur hat er sie nicht gleich zugelassen. Als ich ihn kennenlernte, war er einfach ein Mensch, der sich zu schützen wusste, er hatte sich eine dickere Haut zugelegt und trug eine Fassade, an der man kratzen musste, um den wirklichen Menschen dahinter zu erkennen. Das hatte mit den Verhältnissen zu tun, aus denen er kam und von denen ich zunächst natürlich überhaupt nichts wusste.

Die Geschichte vom mehrmals türmenden Vater, erzählen Sie sie aus Ihrer Sicht, bitte.
Na, es war nicht nur der Vater, es war grundsätzlich verfahren: Die Eltern leben in Weimar, lassen sich dort scheiden. Die Mutter zieht mit den Kindern nach Hoyerswerda, der Vater bleibt, heiratet eine andere, lässt die fallen und trudelt erstmal wieder bei der Mutter ein, soweit alles bekannt wahrscheinlich. Aber wir haben nach dem Tod des Vaters den Briefverkehr zwischen ihr und ihm gefunden, und da ist zu lesen, dass sie, anders als sie's uns gesagt hatte, diejenige gewesen ist, die gebeten und gebettelt hat: Ich komm mit den Kindern, möchtest du nicht auch und kannst du nicht doch, über die Kinder hat sie wieder Kontakt gesucht. Und wirklich kehrt er zurück zur Familie. Und anderthalb Jahre später passiert diese berühmte Sache mit der Pistole, der Vater, der im Krieg war, hat sie aufgehoben, der kleine Gundi findet sie im Keller, zeigt sie anderen Kindern, guck mal, was ich hier habe, und die erzählen's ihren Eltern, und die Eltern zeigen den Vater an, und der Vater kriegt Bewährung, und die Mutter lässt sich zum zweiten Mal von ihm scheiden.

Und das war der Moment, in dem der Vater sich ganz abgewandt hat?
Komplett. Der wollte von niemandem aus der Familie mehr was wissen. Die Mutter, die ja ein Gewerkschaftsheim geleitet hat, in das auch so Rentnergruppen kamen, erzählte uns, wie er einmal als Leiter einer solchen Gruppe dort erschien. Er ging

wegen der Anmeldung ins Büro, gab ihr die Hand und sagte, Guten Tag, mein Name ist Gundermann. Und da spielte sie das Spiel mit und sagte, Guten Tag, mein Name ist auch Gundermann.

Das ist allerdings, wenn sie es erzählt hat, vielleicht auch wieder mit Vorsicht zu genießen, oder?
Vielleicht. Aber es deckt sich mit einer anderen Episode, bei der ich dabei war. Wir sitzen mit der *Brigade Feuerstein* in der Kneipe, und plötzlich raunt Gundi, mit dem ich damals noch nicht zusammen war, mir zu, da drüben, da sitzt mein Vater. Geh doch hin, sage ich. Aber er lehnt ab: Der will nüscht mit mir zu tun haben. Und der Vater erweckt wirklich die ganze Zeit den Eindruck, als kenne er niemanden in dem Raum.

Hat Gundi das gequält, oder hat ihn diese Abkehr des Vaters irgendwann kaltgelassen?
Er hatte mit alldem abgeschlossen – oberflächlich. Und in den Tagen vor und nach dem Tod des Vaters brach alles auf. Der Vater war ja mit einer Lungenentzündung in seiner Wohnung umgekippt, zwei Tage lag er dort, bis eine Freundin ihn fand. Er kam ins Krankenhaus bloß noch, um zu sterben, man suchte nach Verwandten, Gundi lief also hin. Er fand ihn aber nicht bei Bewusstsein, bei mehreren Besuchen nicht. Seltsam, sagten die Schwestern zu Gundi, der Mann hat doch noch manchmal lichte Momente, aber nie, wenn Sie da sind. Als er starb, hat er aber die Hand von Gundi genommen und gedrückt, und das hat Gundi viel bedeutet.

Es entstand eine gewisse Nähe zum Vater, als der tot war?
Ich würde sogar sagen, es entstand eine Art Verklärung, etwas Sentimentales. Was der Vater alles von ihm bewahrt hatte! Er hat ja in einer Ein-Raum-Wohnung gelebt, und Gundi kommt mit mir das

Elke Förster und Conny Gundermann, Berlin 1981

erste Mal dort rein und sieht das Klappbett, auf dem er als Kind geschlafen hat. Und da die Lampe, unter der er Märchen vorgelesen bekommen hat. Und in den Schubladen lauter Zeitungstexte über ihn, den Sohn, nun kam erst richtige Trauer hoch, auch das Bewusstsein vom Verlust der Zeit. Einer Zeit, die er mit dem Vater nicht gehabt hat. Ich glaube, überraschend und wesentlich für Gundi war auch, dass er dort in der Wohnung Parallelen zu sich selber entdeckt hat, zu seinem eigenen Charakter. Gundi konnte ja nichts wegschmeißen, und der Vater eben auch nicht. Sie müssen sich mal vorstellen: Wir betreten diese kleine Wohnung, und da stapeln sich eine Wand hoch lauter Pakete, von Quelle und Otto, ungeöffnet, der hat eine gute Rente gehabt und sich mit schönen Sachen eingedeckt, und als sie bei ihm waren, haben sie ihn nicht mehr interessiert. Und noch so ein unvergessliches Bild: Die Badewanne ist bis zum Rand, ich übertreibe nicht, bis zum Rand voll mit Trabi-Ersatzteilen.

Wie war das Zusammenleben mit Gundi? Schwierig, so hochfahrend, wie er offenbar gewesen ist?

Conny und Gerhard Gundermann, Hoyerswerda 1983

Ach, das war der junge Gundi. Der ältere hatte viel mehr Geduld und viel mehr Geschick zum Ausgleich. Und man darf nicht vergessen, der junge Gundi war auch wirklich schon klug. Er musste doch immer warten, bis wir anderen kapierten, was er schon lange wusste, und da fehlte ihm als junger Mensch eben die Geduld. Ich habe es genossen, ihm zuzuhören, war auf Empfang eingestellt und konnte so viel von ihm lernen. Ich habe ihn wirklich sehr geliebt und auch etwas bewundert – was nichts daran änderte, dass ich ihm oft auch Kontra gegeben hab.

Wenn ein Lied geschrieben war, hat er es Ihnen zuerst vorgespielt?
Ja, er wollte meine Meinung wissen. Nur bei einem Lied war es anders, ICH KANN MICH NICHT ERINNERN, WARUM ICH GRAD BEI DIR HÄNGEN GEBLIEBEN BIN. Ich habe es das erste Mal im Konzert gehört, und es hat mich sehr verletzt.

Es ist doch ein großartiges Liebeslied.
Ich habe es an dem Abend nicht als Liebeslied empfunden. Die dritte Strophe, in der ja das Negative umgekehrt wird, jetzt biste weg, und jetzt kann ich mich erinnern, die konnte ich schon gar nicht mehr wahrnehmen. Ich habe nach den ersten zwei Strophen dicht gemacht, ich war der Meinung, alle um mich herum gucken mich an und denken, aha, das ist also die …

Und Sie dachten es ohne Einschränkung auch?
Wie denn nicht? Wenn er von drei Kindern und drei Katzen singt, und wir haben drei Kinder und drei Katzen? Hinterher habe ich ihm im Auto eine Szene gemacht, und er hat gegengehalten, es sei mein Fehler, alle Lieder eins zu eins auf uns zu beziehen. Er habe einfach eine Situation durchgespielt. Er war richtig erbost und enttäuscht über meine Reaktion. Aber wahrscheinlich hatte er die schon erahnt: Im Wissen darum, dass mir dieses Lied nicht gefallen wird, hat er es mir zuvor eben nicht vorgespielt.

Und heute ist es immer noch eines, das Sie nicht hören mögen?
Heute finde ich es wundervoll.

Reden wir vom nicht so Schönen, von seiner Stasi-Mitarbeit, wann hat er Ihnen von der erzählt?
Kurz vor unserer Heirat, die war 1983. Wir waren gerade endgültig zusammengezogen, und Gundi hatte eines dieser konspirativen Treffen. Er hat mir irgendwas gesagt, wo er angeblich hingeht, und ich habe es nicht hinterfragt. Hätte ich wahrscheinlich auch weiterhin nicht. Er hatte aber ein schlechtes Gewissen. Er sagte der Stasi, er könne mich nicht belügen, er müsse mir alles erzählen. Und da sagten die, dann müssten sie auch mit mir reden. Es kam so ein Typ, der belehrte mich, dass ich Stillschweigen über alles zu bewahren habe, und ließ mich das unterschreiben. Danach hat Gundi noch genau ein konspiratives Treffen gehabt. In dem hat er über Missstände im Tagebau berichtet.

Und wie war es für Sie, als er Ihnen beichtete?
Ich war überrascht und enttäuscht. Aber dann erklärte er mir, was seine Gründe gewesen waren, und die passten nun wieder zu ihm. Er wollte den Sozialismus, nicht kritiklos, er nun gerade nicht kritiklos, er wollte den Sozialismus verbessern und meinte, alle müssten wir zusammen anpacken. Die Stasi hat er da mit einbezogen. Er hat sie nicht als Gefahr erkannt. Und die Leute dort haben es auch clever angestellt. Sie erkannten schnell, dass ihm die Vaterfigur fehlt. Sie gaben ihm einen älteren Mann an die Seite, der genau diese Rolle ausfüllen sollte. Dieser väterliche »Freund« sagte ihm, da der

Sozialismus unsere gemeinsame Sache ist, wäre es gut, du warnst uns, wenn Leute aus unserem Lager schwach sind, denn sonst kann der Gegner ja leicht an die ran; es ging vorrangig um unsere Westreisen, die wir als *Brigade Feuerstein* hatten. Und das entsprach auch sehr seiner Vorstellung, einer rettet die Welt mit Einfallsreichtum und Intelligenz. Er sah wahnsinnig gern Filme mit einem klugen, großen Helden im Mittelpunkt. So eine Revolutionärromantik. Die war bei ihm immer da.

Ein riesiger Widerspruch: einerseits sein romantischer Impuls, und andererseits sein kleinliches, man muss schon sagen, elendes Gepetze. Zum Beispiel hat er doch den Techniker der Gruppe angeschwärzt, weil der aus dem Westen Walkie-Talkies mitgebracht hat, der hätte in den Bau wandern können deswegen.
Der ist aber nicht in den Bau gegangen. Dem ist nichts passiert. Darum hat sich Gundi während der Zusammenarbeit ja bestätigt gefühlt, er hat gedacht, es kommt eben nur darauf an, wie man es der Stasi erzählt, wenn man's so anstellt wie ich, dann beschützt man die Leute, dann kontrolliert man die Sache.

Hat er das wirklich geglaubt?
Ich denke, ja. Vielleicht hat er sich die Schutzfunktion auch nur eingeredet. Mir gegenüber hat er es immer betont. Ich muss auch noch mal auf seine Herkunft zurückkommen, auf diesen Funktionärshaushalt, in dem am wichtigsten das Land war, dessen Verteidigung mit allen Mitteln. Damit ist Gundi großgeworden, das hat er, zunächst, übernommen. Dass Menschen aufgrund seiner Berichte hätten ins Gefängnis wandern können, hat er lange nicht an sich rangelassen.

Und als er es dann doch tat?
Es waren hektische Tage damals. Er wurde fast zeitgleich von zwei verschiedenen Seiten mit seiner Vergangenheit konfrontiert. Da war ein Journalist, der ein Fan von Gundi und auch von anderen Musikern war, und der beschloss, zu seinen Idolen Suchanträge bei der Gauck-Behörde zu stellen. Er schrieb Gundi, er wolle mit ihm reden. Gundi antwortete, kannst du, wenn du mir vorher die Akte schickst, damit ich wenigstens mal reinlesen kann. Und da war zweitens ein Sänger und Puppenspieler aus Cottbus, der in seiner Akte Gundi gefunden und ihn nach einem Konzert angesprochen hat: ob er der IM »Grigori« sei. Also diese beiden Geschichten flossen zusammen. Gundi hat die Akte überflogen und sich an Vivi Eickelberg gewandt, eine Managerin, die ihn gerade unter Vertrag nehmen wollte, die betreute zum Beispiel Herman van Veen und *BAP*.

Er klärte sie darüber auf, was mit ziemlicher Gewissheit an die Öffentlichkeit kommen würde?
Ja. Und sie hat schnell reagiert und ein Treffen mit Christoph Links organisiert, der ziemlich firm war im Aktenlesen, der las erstmal, und dann kam es zu diesem legendären Treffen in seiner Küche.

Waren Sie dabei? Warum legendär?
Weil der Abend absolut schieflief. Ich war mit Gundi dort. Wir saßen am Tisch, auf der einen Seite Christoph Links und Vivi Eickelberg, auf der anderen Seite wir beide. Die Fronten waren eigentlich schon vorher geklärt. Christoph Links ordnete ihm seine Akte ein, und Gundi schlug mit Worten um sich, er wollte das, was Christoph ihm vor Augen geführt hatte, nicht wahrhaben, und versuchte, seine Begründung zu liefern. Mensch, Gundi, stöhnte Christoph, so naiv kann man doch gar nicht sein! Aber Gundi hat immer weiter von

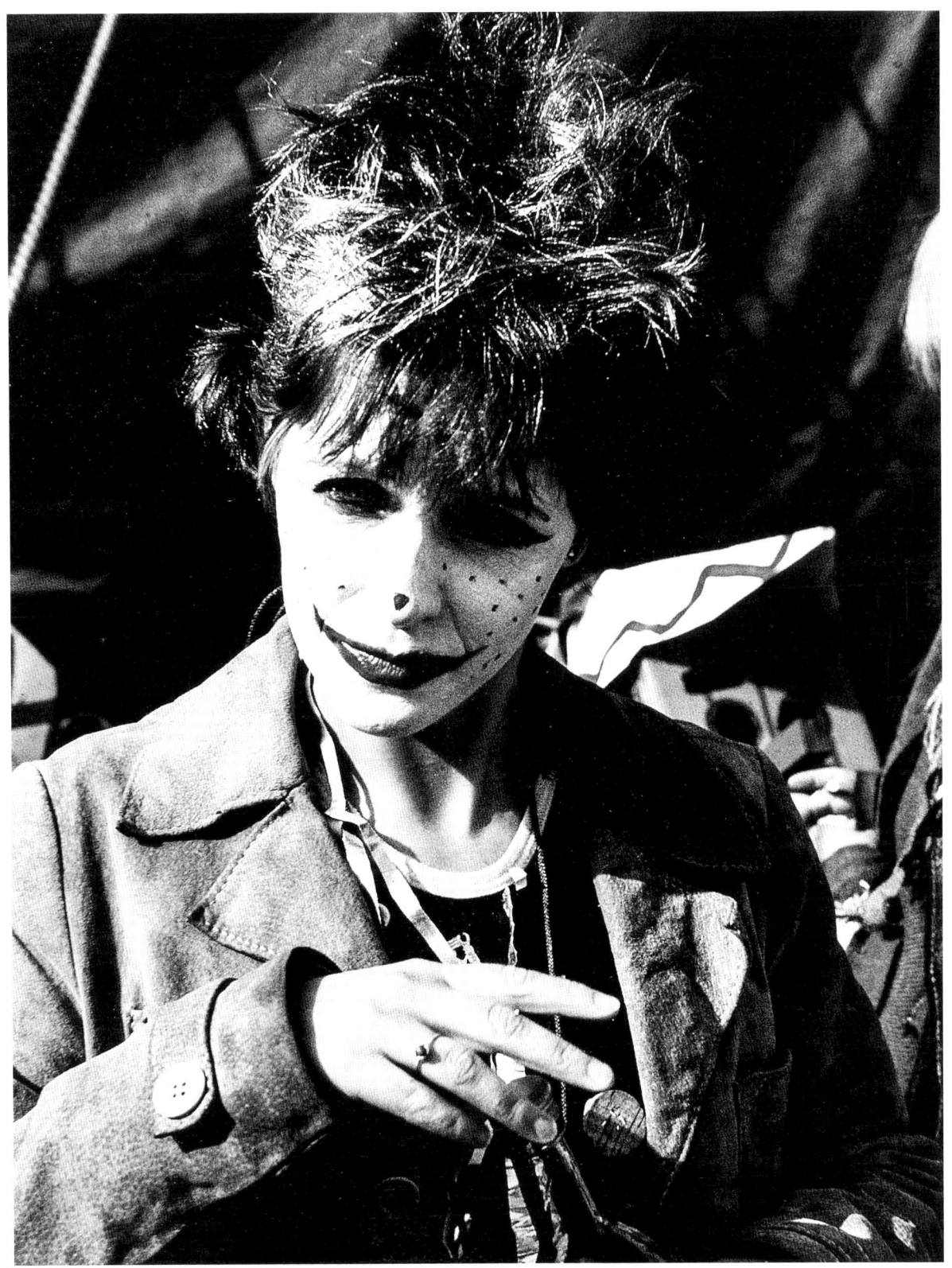
Conny Gundermann als Schauspielerin in ZIRKUS OLYMPIA, Berlin 1981

Notwendigkeit und Schutz gesprochen, so kam es zum Streit. Ich weiß noch, dass an einem bestimmten Punkt Christoph Links ihn fragte, was denn die Menschen seiner Meinung nach hätten machen sollen, die nicht mehr in dem Land leben wollten. Einen ordentlichen Ausreiseantrag stellen, das hätten sie machen sollen, rief Gundi. Er fühlte sich in die Enge getrieben und fing an, laut zu werden, auch Christoph blieb nicht länger ruhig. Und da brach Vivi Eickelberg das Gespräch ab. Sie schrieb uns dann schnell, sie lehne eine Zusammenarbeit ab. Sie ist Jüdin, sollte man vielleicht noch wissen. Und nun die Stasi, die Wiederholung von Mechanismen, die Parallelen zu früher, sie schrieb, sie könne nicht über all das hinwegsehen.

Antwortete Gundi ihr?
Ich schrieb ihr zurück. Ich wollte ihr ein paar Sätze zu Gundi als Menschen sagen, ich kannte doch meinen Gundi, und darum war es für mich überhaupt keine Frage, dass ich ihm weiter vertraue. Weil ich seine Entwicklung hautnah mitbekommen habe. Die Stasi-Sache kam ja zu einer Zeit raus, als er längst ein anderer war. Aber nun wieder Vivi: Es ehrt dich, dass du ihn verteidigst. Das musst du auch tun. Doch letztlich sollte jeder die Verantwortung dafür tragen, was er verzapft hat, egal ob er sich, wenn die Sache publik wird, verändert hat oder nicht.

Gundi versuchte es, indem er Alexander Osang von der Berliner Zeitung *anrief.*
Wichtig für Gundi war, dass er selber mit seiner Enthüllung an die Öffentlichkeit ging und …

… Moment, der Druck war doch einfach zu groß geworden. Er hat sich nicht unbedingt aus freien Stücken bei der Zeitung gemeldet.
Sicher nicht, denn wir hatten ja vorher oft genug gesehen, wie so etwas in den Medien abläuft. Wenn es eine differenzierte und faire Aufarbeitung gegeben hätte, hätten sich bestimmt viel mehr getraut, ihre Mitarbeit zuzugeben. Für ihn ging es aber auch darum, aus dieser Geschichte doch irgendwie nach vorne rauszugehen. Er wollte weiter seine Lieder spielen, er musste, das war sein Leben. Er dachte, niemand werde ihn mehr hören wollen. Darum wohl auch dieser jahrelange Verdrängungsmechanismus, er hatte eine Riesenangst, nicht mehr seiner Leidenschaft folgen zu können.

Das Publikum reagierte eine Weile verhalten, keine Buh-Rufe und natürlich keine Welle der Sympathie; wie war es aber im Freundeskreis? Ist da was weggebrochen, aus einer viel näheren und vielleicht tieferen Enttäuschung heraus?
Gundi hat keinen seiner wirklichen Freunde verloren. Was damals aber passierte: In Hoyerswerda ist sein Name von der Homepage der Stadt entfernt worden. Hoyerswerda lebt ja vom Ruf her von seinen wenigen Berühmtheiten. Konrad Zuse ging in der Stadt aufs Gymnasium, Brigitte Reimann lebte ein paar Jahre dort. Und dann hatten sie eben Gundi. Als sein Name getilgt wurde, kamen viele Protestbriefe. Aber langsam ändert sich was. Es gibt eine rührige Kulturfabrik, in der das Erbe Gundis gepflegt wird, und der Chef sagte mir, die Stimmung wird immer weniger von der Stasi-Geschichte geprägt und immer mehr von dem, was Gundi an Liedern hinterlassen hat. Die Veranstaltung zu seinem 60. Geburtstag war innerhalb von zwei Tagen ausverkauft. Der Bürgermeister nahm teil, das war bei anderen Anlässen zuvor nicht der Fall. Und Gundi erscheint auch wieder auf der Homepage der Stadt, man schämt sich seiner nicht mehr.

Wie wichtig ist Ihnen das? Versuchen Sie in dieser Hinsicht, Einfluss zu nehmen?
Natürlich sehe ich es gern, aber mein Glück und meine Erinnerungen hängen nicht von solchen Entwicklungen ab. Ich verfolge sie aus der Ferne.

Könnte ein Schlusswort sein. Aber ich möchte noch über den Zusammenhang zwischen seinem Baggerfahren und seinem Tod reden, jedenfalls meine ich, einen Zusammenhang zu entdecken: So lange fährt er Bagger, und dann ist es aus damit, und es vergeht gerade mal ein Jahr und er stirbt.
Zunächst mal, Baggerfahren war wirklich seine Leidenschaft. Manche Leute haben ja geargwöhnt, es sei Koketterie von ihm gewesen, noch als ordentlich verdienender Künstler weiter Bagger zu fahren, nach dem Motto, das macht sich gut, das kommt prima an in der Öffentlichkeit. Aber diese Leute lagen völlig falsch. Er hat das Baggerfahren wirklich geliebt. Er saß in diesem Ungetüm und hat es bewegt und dabei den totalen, schönen Überblick gehabt, über Landschaft, Menschen, Maschinen.

Was meinen Sie, hat er beim Steuern des Riesendings Überlegenheit verspürt?
Er wollte keine Überlegenheit, über nichts und niemanden. Wenn ich sagte, er saß da und hat den großen Überblick gehabt, meinte ich eher: Es hat ihm innere Ruhe gegeben. Er hat auf diesem Bagger zu sich gefunden. Deshalb ist er dort auch sehr produktiv gewesen, produktiv im Sinne von: Er hat nachdenken können.

Musste er nicht höllisch aufpassen? So ein Gerät baggert doch nicht von selber.
Trotzdem, ein Tagebaubagger steht fest, es muss nur die Schaufel bewegt werden, und das war eine angenehme und doppelt nützliche Routine für ihn, ein Nährboden fürs Sprießen künstlerischer Ideen. Aber die eigentliche Frage war ja eben gewesen, ob er gestorben ist, weil er nicht mehr Bagger fahren konnte, und da würde ich nicht unbedingt mitgehen, sondern darauf zurückkommen, dass er immer am Limit gelebt hat und sich irgendwann nicht mehr genügend regenerieren konnte.

Er war damals Tischlerlehrling, hat ihn das mehr angestrengt als die Baggerei?
Das Tischlern selber nicht. Er fand, es passe zu ihm. Sein alter Betrieb hatte ihm und seinen Kollegen nach der Schließung der Tagebaue ja Berufsfindungskurse angeboten, in denen sie sich ausprobieren konnten, Gundi hat als Erstes das Maurern probiert. Dann kam irgendwann das Tischlern, und dabei schloss sich für ihn auch ein Kreis, denn das Tischlerwerkzeug, das hatte er von seinem Vater geerbt.

Was hat ihm Kraft geraubt, wenn nicht das Tischlern?
Der Umgang dort. Gundi wollte wirklich was lernen, während andere nur die Zeit absitzen wollten, die Zeit, in der sie gutes Geld bekamen.

Der Hennecke-Effekt?
Er hat denen die Norm versaut. Und die haben sich gerächt. Zum Beispiel ging es um die Radiomusik. Ständig liefen die ewig gleichen einfältigen Charts, das war für Gundi der Horror natürlich, und wenn er dann bat, macht doch mal leise, drehten sie extra laut auf. Und das war bestimmt noch das kleinste Übel. Ich weiß nicht, was alles geschehen ist, Gundi hat wenig darüber erzählt, lange Zeit sogar überhaupt nichts.

So wehrlos war er?
Hilflos. Schweigsam. Düster. Ich hatte das vorher schon bemerkt, ich hatte meine Ahnungen. Ich wusste nur nicht, wie sehr ihm die Sache an die Substanz ging. Weiterzumachen, gegenzuhalten, die Lehre durchzuziehen, hat ihn mehr Kraft gekostet, als er übrig hatte. Wenn die Seele so belastet wird, ist es eben nochmal was anderes, als wenn die Arbeit körperlich schwer ist.

Er bekam einen Gehirnschlag, eine Ader im Kopf ist ihm geplatzt.
Ja, am Abend war er noch gesund gewesen! Wir waren gemeinsam in Senftenberg im Theater. Haben Linda zusammen in den Schlaf gesungen. Alles war wie immer. Es wollte mir nicht in den Kopf, dass jemand, ohne krank zu sein, auf einmal tot sein konnte … obwohl, ganz gesund war er nun auch nicht …

Was hatte er?
Jahre vorher, während der Produktion von FRÜHSTÜCK FÜR IMMER in Berlin, musste er die Arbeit abbrechen, weil ihm drei Tage die Nase blutete, das hörte gar nicht mehr auf. Er kam her und ging zum HNO-Arzt. Der Arzt stillte ihm die Blutung. Möglicherweise, sagte er, sind die Schleimhäute so dünn, dass sie schnell platzen. Aber er sagte auch, er würde gern mal in den Kopf gucken. Nur war es so, dass Gundi sich eben mitten in der Pro-

Produktionsleiter Peter Hartwig, Conny Gundermann und Music-Supervisor des Films Jens Quandt am Drehort, Herbst 2017

duktion befand und das einmal gebuchte Studio, auch wenn es nicht genutzt wurde, tausend Mark am Tag kostete, darum sagte er, nee, mach' ich später mal, die Untersuchung, jetzt geht es doch auch wieder. Fakt ist, er hatte hohen Blutdruck. Das war bekannt. Unsere Hausärztin hat gewollt, dass er Medikamente nimmt, aber er hat es abgelehnt, bloß keine Chemiekeulen, da konnte sie sich den Mund fusselig reden. Sie gab ihm also homöopathische Mittel. Der Blutdruck sank tatsächlich. Aber drei Tage vor seinem Tod ist er bei seiner Mama gewesen, so wie jeden Mittwoch, er hat ihr immer im Haushalt geholfen und sie hat ihm was von sich erzählt, an diesem Mittwoch muss er wieder starkes Nasenbluten gehabt haben. Das habe ich erst später von ihr erfahren.

Es ist verrückt eigentlich: Gundi spricht in seinem letzten Programm explizit vom Mittsommer, die Sonne steht am höchsten, weiter geht es nicht mehr, auch nicht im Leben eines Mannes, er hat seinen Zenit überschritten – und dann stirbt er in der Mittsommernacht. Selbst wenn man nicht an höhere Mächte und unsichtbares Geleit glaubt, fällt es einem schwer, das als Zufall abzutun.
Ich denke auch darüber nach, immer noch. Es ist eine große Merkwürdigkeit. Man sollte nicht von Zufall reden. Aber wovon dann?

Seine Lieder werden nach wie vor live gespielt, von verschiedenen Nachfolgebands, ist das etwas für Sie? Gehen Sie noch zu solchen Konzerten?
Am Anfang mehr als heute. Manchmal bin ich dann sehr gerührt, manchmal schrecklich enttäuscht, aber ich weiß auch, dass die Lieder heute nicht so lebendig wären, wenn es all diese Gruppen und Sänger nicht gegeben hätte. Ich bin also sehr dankbar dafür. Und manchmal passieren eben auch die verrücktesten Sachen, kennen Sie Wittichenau?

Nein.
Ein Städtchen in Sachsen, eine Faschingshochburg, schon zu DDR-Zeiten. Da war also wieder Fasching, und ich war eingeladen. Ein ganzer Männertrupp trägt Eisenbahneruniform, ist ja kein Wunder beim Fasching, denke ich mir. Die sitzen alle neben und vor mir auf Bierbänken. Vorne wird UND MUSST DU WEINEN gespielt, und bei der Stelle »liebe einen Mann / doch liebe keinen von der Eisenbahn«, springen mit einem Mal alle auf, stimmen ein und strecken den Arm in Richtung Bühne, Sie ahnen jetzt vielleicht schon, was kommt, aber ich war damals völlig überrascht, meine Bank schnellt hoch wie eine Wippe, und ich knalle runter auf den Boden. Und die Männer, die kriegens gar nicht mit und singen weiter …

Szene

Aus dem Drehbuch zum Film von Laila Stieler

23 Innen – Krankenzimmer – Tag

Conny liegt in einem großen Krankenzimmer mit zehn anderen Frauen. Sie hat vor Kurzem entbunden. Verschwitzt und aufgewühlt stillt sie ihre kleine Yvonne.
Da klopft es an der Tür. Die Schwester, Typ Feldwebel, reißt die Tür auf und ruft in den Raum.

> KRANKENSCHWESTER
> *(laut und grob)*
> Conny Schickor? Der Vater ist da.
> CONNY
> Jetzt schon?

Sie macht sich den Zopf auf, schüttelt die Haare, bindet den Zopf neu. Da steht er schon in der Tür: Gundi. Mit Schlapphut auf dem Kopf und Geigenkasten unterm Arm.
Conny rutscht tiefer in ihr Bett, wirft einen verlegenen Blick zu den anderen Frauen, die neugierig gucken.

> CONNY
> Ach du, Gundi …
> GUNDERMANN
> Äh, ich …
> KRANKENSCHWESTER
> Na los. Ihre Frau ist wohlauf.
> GUNDERMANN
> Äh … sie ist …
> KRANKENSCHWESTER
> Keine Angst.

Sie schiebt ihn in den Raum. Gundi tritt zögernd näher. Conny kichert.

> CONNY
> Na, Vater?!
> GUNDERMANN
> Kann ja noch werden.
> CONNY
> Spinner!

Conny prustet und rückt gleichzeitig zur Seite, damit er auf ihrem Bett Platz nehmen kann.

> GUNDERMANN
> Stör ich?
> CONNY
> Nee, nee. Bist nur der Erste.

Andreas Dresen, Anna Unterberger und Alexander Scheer

Gundermann hält ihr seinen kleinen, wilden Blumenstrauß hin. Conny schnuppert daran.
>CONNY
>Geklaut?

>GUNDERMANN
>Logisch.

>CONNY
>Sind die besten.

Conny wendet sich wieder ihrem Kind zu. Nun wagt auch Gundi einen Blick auf das Baby und Connys Brust.
>GUNDERMANN
>So klein und so perfekt.

Es ist nicht ganz klar, was er meint, aber Conny bezieht es auf ihr kleines Mädchen.
>CONNY
>Sie heißt Yvonne.

>GUNDERMANN
>Schön!

>CONNY
>Und? Biste wieder da? Für immer?

>GUNDERMANN
>*(nickt)*
>War gerade bei der Bandprobe. Ich mach wieder mit.

>CONNY
>Echt? Haste nicht die Nase voll?

>GUNDERMANN
>Nö, ich war doch Chorleiter. Ich hab sogar Satzgesang komponiert!

>CONNY
>Ach? Wo denn?

>GUNDERMANN
>Na, bei der Armee.

>CONNY
>Ach so.

>GUNDERMANN
>Ham mich aber rausgeschmissen.

>CONNY
>Na, Singen war ja noch nie deine Stärke.

>GUNDERMANN
>Nee, wegen Befehlsverweigerung.

>CONNY
>Ach, Gundi! Wie damals in der Schule …

>GUNDERMANN
>Tja, der ideale Untergebene war ich nie. Und dann noch dieser Wahn, jeden Vorgesetzten grüßen zu müssen! Ich hab sogar vorm Briefträger strammgestanden.

Sie lachen. Conny kuschelt sich bequem in ihr Kissen.
>CONNY
>Na, hier hat sich nix verändert.

>GUNDERMANN
>Nichts verändert? Du bist verheiratet und hast 'n Kind!

Conny kichert und versucht einen leichten Ton.
>CONNY
>Wieso biste wieder zurück nach Hoywoy?

Er zuckt mit den Schultern und sieht ihr in die Augen. Sie versucht ein Lächeln. Verlegen greift sie sich in die Haare, macht den Zopf auf, bindet ihn neu.
Da klopft es wieder an der Tür. Die Schwester schaut rein.
>SCHWESTER
>Da is noch jemand für Sie, Frau Schickor?

Wenni tritt ein. Ein auffallend attraktiver Mann mit schwarzem Bart. Gundermann springt auf, salutiert.
>GUNDERMANN
>Melde gehorsamst: Dein Kind ist da. Herzlichen Glückwunsch!

Wenni klopft Gundi im Vorbeigehen auf die Schulter und stürzt auf Conny zu.
>WENNI
>Süße …

Er küsst und mustert sie besorgt und zärtlich.

CONNY
　Ist alles ok. Siehst ja, ich hab schon Gundi ertragen. Willst du?

Wenni nickt. Conny gibt ihm vorsichtig das Kind und sieht ihm zu, wie er es hält und andächtig betrachtet. Gundi steht einen Moment steif daneben, dann zerrt er den Geigenkasten vom Bett, stülpt sich den Schlapphut auf.

GUNDERMANN
Na dann … Muss zur Schicht.

CONNY
(ihn musternd)
Etwa im Tagebau?

GUNDERMANN
Na klar. Als Baggerfahrer!

CONNY
Echt?

Hoyerswerda d. 11.4.66

Lieber Vati!

Wir haben Dein Paket erhalten, und uns sehr darüber gefreut. Mutti hatte für jeden einen schönen, bunten Osterteller zurecht gemacht. Über Deine Uhr habe ich mich natürlich am meisten gefreut. Mutti hatte die Uhr aufgezogen und das richtige Datum, den 10. eingestellt. Mutti hat mir auch erklärt, daß es eine sehr gute Uhr ist. Ich werde sie immer schonend behandeln. Das Aufziehen wird Mutti besorgen, damit ich das Werk nicht überdrehe.

Auch ▓▓▓▓▓▓▓ hat sich über die Waschmaschine sehr gefreut. Sie hat sie immer aus- und eingepackt. Wenn Mutti wieder wäscht wird ▓▓▓▓▓▓▓ ihre Taschentücher selbst waschen. ▓▓▓▓▓▓▓ hat Dir auch einen „Brief" geschrieben, den wir beilegen. Es ist schade, daß Du uns nicht über die Feiertage besucht hast. Wir hätten uns sehr darüber gefreut. Vielleicht kannst Du aber recht bald einmal zu uns kommen.

Mutti möchte mit Dir alles besprechen. Aber darüber wird sie Dir selbst schreiben. Ich gehe in die V. Klasse der VIII. Oberschule „Hanns Eisler". Die Schule ist nicht weit von unserer Wohnung entfernt. Ich habe mich in der Schule etwas verbessert. In Betragen und Mitarbeit hatte ich schon einige Male eine Zwei, sogar einmal eine Eins. Auch in den Fächern Deutsch und Mathe habe ich auch gute Noten. Ich will weiterhin fleißig lernen, damit ich das Schuljahr gut abschließe, denn dann darf ich mit ins Ferienlager in die Sächsische Schweiz fahren.

Nun will ich meinen Brief beenden. Ich danke Dir nochmals für die schöne Uhr, und es grüßt Dich recht herzlich

Dein Gerhard

u. Deine ▓▓▓▓▓▓▓

Lieber Vati!

Andreas Leusink: Der Umzug nach Hoyerswerda und die alle zermürbende Trennung der Eltern

Die sechziger Jahre der Familie Gundermann lassen sich ziemlich gut vorstellen. Der Vater hat viele Dokumente, Belege, Briefe akribisch geordnet aufgehoben. Nach dem Tod des Vaters übernahmen Conny und Gerhard Gundermann die Sammlung. Alle zitierten Passagen entsprechen in der Schreibweise den Originalen.

Als der elfjährige Gerhard 1966 den vorstehend abgedruckten Brief an seinen Vater schreibt, wohnt er seit zwei Monaten in Hoyerswerda. Dorthin war die Mutter mit den beiden Kindern nach der Scheidung gezogen. Es ist kurz nach Ostern. Der Vater lebt weiterhin in Weimar und hat sie nicht besucht, jedoch ein Paket geschickt.

Die Vorgeschichte

Fast zwölf Jahre zuvor, im August 1954, hatten die Eltern geheiratet. Die Damenschneiderin Edith und der Werkzeugmacher Ernst waren vorher mit jeweils anderem Partner schon einmal verheiratet gewesen.

Edith ist 25, Ernst fast 43 Jahre alt. Der Altersunterschied von 18 Jahren scheint für Edith wichtig gewesen zu sein. Aus Briefen und Dokumenten ist zu erkennen, dass sie von Ernst vor allem beschützt und bemuttert werden möchte. Die Beziehung ist keine einfache. Edith sehnt sich nach Aufmerksamkeit und Zuneigung, der Vater nach Ruhe und Liebe. Beide können kaum miteinander reden. Wenn Streit ausbricht, schweigt Ernst und Edith reiht Vorwurf an Vorwurf. Gerhard ist noch keine drei Jahre alt, als sich die Eltern trennen und das erste Mal scheiden lassen wollen. Der Junge verbringt in seiner frühen Kindheit viel Zeit bei der Schwester seines Vaters. Die Eltern versuchen wieder zusammenzuleben, bekommen ein zweites Kind. Fünf weitere Jahre später scheint die Ehe zerrüttet zu sein. Edith hat eine lang andauernde Affäre mit einem ebenfalls sehr viel älteren Arbeitskollegen und bleibt tagelang, manchmal wochenlang der Familienwohnung fern. Da ist Gerhard zehn Jahre alt. Im Sommer 1965 stellt die Mutter dann den Antrag auf Scheidung. Vor Gericht erklärt

Brief von Gerhard Gundermann an seinen Vater vom 11. April 1966

die Mutter, dass der Vater die Kinder anfangs sehr geliebt hat, sie inzwischen aber hin und wieder schlägt. Damals wurde vor dem Familiengericht noch Schuld gesprochen. Der Scheidung im November gehen eine Güteverhandlung, übrigens am Geburtstag des Vaters, sowie zwei weitere Prozesstage voraus. Die Scheidung wird am 28. Dezember 1965 rechtskräftig. Die Familie muss während der Scheidung zusammen in der Zweizimmerwohnung leben. Die Wohnungsnot ist nur zwanzig Jahre nach dem Ende des Zweiten Weltkrieges groß in der DDR.

1966. Hin und Her

Zwei Monate nach der rechtskräftigen Scheidung ergibt sich für Edith eine Möglichkeit. Etwa 300 Kilometer weiter östlich wird die neue Stadt Hoyerswerda aus dem Boden gestampft. In der Nähe schürfen Bergarbeiter im Tagebau Braunkohle aus der Erde. Diese Kohle ist wichtig für die Energieversorgung der DDR. Also baut man eine neue Stadt für die Arbeiter und für all jene, die für die Verwaltung einer solchen Stadt wichtig sind. Aber wie nun ist Mutter Edith auf Hoyerswerda gekommen? Ihr Freund Hans muss Weimar im Zusammenhang mit der Affäre der beiden verlassen. Seine Partei hat so entschieden, weil Hans seine eigene Ehe und jene der Gundermanns auseinandergebracht habe. Mitte der sechziger Jahre jedenfalls gilt das als amoralisch. Hans zieht von Weimar nach Hoyerswerda. Da gibt es Wohnungen und Arbeit. Edith folgt ihm mit den Kindern im Februar. Allerdings leben Edith und Hans nicht zusammen. Auch Ernst Gundermann lernt eine neue Frau kennen: die vierzigjährige Erika.

Zwischen Ende Februar und Ende März herrscht Schweigen zwischen den geschiedenen Eltern von Gerhard. Plötzlich jedoch schreibt Edith an Ernst.

Sie hört, er hat eine Freundin. Sie wirbt um sein Verständnis für ihre Lage. Und leise bedauert sie ihren Wegzug aus der familiären Wohnung. Natürlich ist dieser Anfang in Hoyerswerda, allein mit zwei Kindern und einer neuen Arbeit, sehr anstrengend. Nur einen Tag später [Wie schnell die Post damals war …] antwortet Ernst und bittet sie in einem sehr langen Brief zurückzukommen. Er möchte sie erneut heiraten.

Es setzt nun ein reger Briefwechsel ein, der etwa zwei Monate dauert. Anfangs fleht er sie wiederholt an umzukehren. Er berichtet davon, wie er Ostergeschenke für alle besorgt hat, unter anderem eine Uhr für Gerhard. Aber er will das entsprechende Paket noch nicht abschicken, weil er hofft, dass sie Ostern wieder als Familie gemeinsam in Weimar feiern können. Er gratuliert ihr zu ihrem Geburtstag Anfang April. Edith schildert die guten Wohn- und Arbeitsumstände in Hoyerswerda, sie will nicht mehr weg aus dieser Stadt und lädt wiederum den von ihr geschiedenen Mann ein, die Familie zu Ostern zu besuchen. Als er diesen Brief erhält, schickt er weitere Briefe und das Paket ab und fährt nicht zur Familie. Er gibt an, sich die Fahrkarte nicht mehr leisten zu können, weil er alles Geld für Geschenke ausgegeben habe.

Edith ist enttäuscht. Sie habe sehr gewartet. Sie lädt ihn noch einmal ein, schreibt von erneuter Heirat. Das beeindruckt ihn, er fährt Mitte April zum ersten Mal nach Hoyerswerda. Zurück in Weimar, trennt er sich von seiner Freundin Erika. Allerdings schreibt Edith von da an und für eine Weile nicht mehr.

Edith zieht inzwischen mit den Kindern in eine richtige Neubauwohnung. Sie teilt ihm die Adresse nicht gleich mit. Er ist ratlos, fühlt sich einsam in Weimar, fragt, ob es bei der Verabredung bleibt, dass er sie im Mai wieder besucht. Edith lenkt ein. Er fährt in der zweiten Maihälfte zur Familie und

Hoyerswerda d. 3.7.66

Lieber Vati!

Wir haben Deinen Brief und das Paket erhalten. Der Staubsauger hat bei ▇▇▇▇ große Begeisterung hervorgerufen. Sie kann jetzt auch schon Gitarre spielen. Ich danke Dir auch für meine zwei Wasserpistolen die Du mir nachgeschickt hast. Ich dachte schon, daß ich sie nie mehr wiedersehen könnte. Wir haben uns auch über die zwei Koffer und die anderen Süßigkeiten gefreut. Nun zu etwas anderem. Ich fahre morgen schon ins Ferienlager. Die Koffer sind gepackt, und ich freue mich schon im voraus darauf. Ich werde Dir auch einige Briefe aus dem Lager schreiben. Hier kann man auch im Herbst ins Ferienlager gehen.
Bei uns ist jetzt ein großer Rummel. Die Achterbahn der Twister Kosmos- und Sputnikbahnen Schießbuden Karussels und viels andere ist gekommen. Ich möchte mich jetzt verabschieden.

Mit vielen Grüßen

Dein Gerhard

Gerhard Gundermanns Erweiterte Oberschule, heute Lessing-Gymnasium

verbringt dort einige Tage. Die Stimmung kann nicht gut gewesen sein, das Wetter war schlecht, sie verbringen viel Zeit in der Wohnung. Er fragt sie dort, wie es weitergehen soll. Edith erklärt, sie will mit den Kindern allein bleiben. Das sei endgültig. Wieder in Weimar, beklagt er, dass er sich nicht willkommen gefühlt, dass Gerhard ihn teilweise ignoriert habe. Ernst bittet Edith, noch einmal alles zu bedenken, wünscht sich ein weiteres Zusammenleben der Familie und verspricht, sie nicht mehr mit diesen Wünschen zu behelligen, wenn sie sich wirklich gegen ihn entscheidet. Sie reagiert nun mehr als drei Monate nicht.

Ernst kommt in Weimar wieder mit Freundin Erika zusammen. Am 26. Juni schreibt er an den elfjährigen Gerhard: »[…] und denkt auch einmal an Euern Vater, der bestimmt nur immer das Beste für Euch gewollt hat. Euer Vater war und ist kein schlechter Mensch und Ihr könnt mit Achtung von ihm sprechen und ihn in guter Erinnerung behalten. Ihr braucht Euch Eures Vaters nicht zu schämen.«

Er besorgt eine Gitarre und schickt sie an Gerhard. Der antwortet kurz darauf.

Gerhard übernimmt die Kommunikation und schreibt dem Vater während des Sommers einige Male. Zwischendurch heiratet Ernst seine Freundin Erika. Später nennt er zwei Gründe dafür: Er konnte mit Erika damals nur als Ehepaar gemeinsam in den Urlaub fahren. Und zweitens hatte er Angst, die Zweizimmerwohnung zu verlieren, wenn er dort weiter allein gewohnt hätte.

Tage und Nächte, Monate lang

Vier Wochen nach der Hochzeit zwischen Ernst und Erika in Weimar und nach dreimonatigem Schweigen schreibt ihm die Mutter seiner Kinder Ende August 1966 aus Hoyerswerda, dass sie verzweifelt ist. Am Tage zuvor hat sie von der Hochzeit erfahren. Diese Nachricht hat sie »zerschmettert«. Sie bemüht sich, ihr Verhalten vom Mai zu entschuldigen. Sie erklärt ihm ihre Liebe. Sie denke »fast jeden Tag« an ihn. Wenn sie seine Telefonnummer noch wüsste, könnte sie ihn anrufen. Sie habe in der letzten schlaflosen Nacht alle Briefe von Ernst noch einmal gelesen, sie bittet ihn um einen letzten Brief, sie bedauert sich und fleht ihn an.

Gleich nachdem Edith den Brief abgeschickt hat, ruft sie in Weimar an und steht schon am 3. September mit dem jüngsten Kind vor der Tür von Ernst. Der elfjährige Gerhard war in Hoyerswerda geblieben.

Edith sagt Ernst, dass sie mit den Kindern zurück nach Weimar ziehen wolle. Noch während dieses Besuchs gibt es am 5. September ein Gespräch zwischen Edith, Erika und Ernst. In dessen Verlauf erklärt die neue Frau Erika, dass sie sich nicht von Ernst scheiden lassen möchte. Darauf droht Edith, dass sie immer zwischen den beiden stehen werde und dass sie einen Trumpf besitzt: die Kinder.

Wieder in Hoyerswerda schreibt Edith an Ernst zu seinem Geburtstag am 7. September einen Liebesbrief. Drei Tage später besucht er wiederum sie. Und noch einmal drei Tage vergehen, da erhebt Ernst vor dem Weimarer Familiengericht Klage auf Scheidung von seiner dritten Frau Erika, gut sechs Wochen nach der Eheschließung. Er begründet dies damit, dass er seine zweite Frau, Edith, noch immer liebt.

Kaum ist die Klage gestellt, ändert sich der Ton erneut, Edith wird in Hoyerswerda krank. Am 20. September gesteht sie Ernst, dass ihr Freund Hans sie pflegt und auch zuvor oft bei ihnen war, um auf die Kinder zu achten. Mehr sei nicht gewesen. Das Wochenende darauf fährt Ernst wieder zur Familie nach Hoyerswerda. Zwei Tage nach diesem Besuch schreibt Edith an Ernst: »Dein Verhalten am Sonnabend hat mir bewiesen, daß Du eben nicht über Deinen Schatten springen kannst und Dich nie ändern wirst. Wenn ich mir überlege, ich komme zurück […]. Ich könnte mir das nie verzeihen […]. Hier habe ich eine gute Stelle, verdiene ganz gut, und eines Tages würde ich auch mit all den anderen Dingen fertig werden. […] Bitte bedenke das alles bei Deiner Scheidung, vielleicht sagt sie doch, daß sie bei Dir bleiben möchte. Dann erzähl irgend etwas schlechtes über mich auf dem Gericht und bleibe lieber. […] Wenn ich mir überlege, was die Leute sagen werden, und vor allem die Kreisleitung, an die meine Parteiunterlagen wieder zurückgehen. […] ich fühle ganz genau Ernst, daß es keinen Zweck hat. Bleibe lieber bei Deiner Frau.«

Ernst antwortet sofort und versteht gar nichts mehr, kann nicht glauben, dass sie mit ihm nur »gespielt« hat, fleht sie an. Und am nächsten Tag schreibt er den nächsten Brief. »Du glaubst garnicht, was Du mir mit Deinem Brief für einen Schock versetzt hast. Es war wie ein Blitz aus heiterem Himmel. Alles andere hätte ich erwartet, aber nur das nicht, daß Du mich schon wieder abschieben willst nach allem was wir uns vorgenommen haben.« Er bittet sie und hofft.

Die Güteverhandlung zwischen den Eheleuten Erika und Ernst am 5. Oktober 1966 in Weimar scheitert. Edith wird als Zeugin geladen. Sie schreibt an Ernst

und beklagt sich über das Gerede in Weimar, von dem sie hört. Sie will nicht zum Gerichtstermin am 14. Oktober erscheinen. Sie fordert ihn ein weiteres Mal auf, sich doch nicht von Erika scheiden zu lassen. »Nun bin ich auch noch in die Parteileitung gewählt worden, da kann ich mir das nicht mehr leisten. Ich habe keine Lust, mich noch hier fertig machen zu lassen. Ich brauche meine Arbeit, es ist besser wir vergessen alles, damit jeder zur Ruhe kommt. […] es ist sowieso schlimm genug, was Du mir angetan hast. Das kann auch nur mir passieren. Man muß eben alles teuer bezahlen. Damit wir uns richtig verstehen, das geht in Weimar keinen etwas an. Du bezahlst für zwei Kinder, alles andere muß ich sehen wie ich fertig werde. Es ist auch besser, wenn Du nicht mehr kommst, wenigstens in diesem Zeitraum nicht mehr, nächstes Jahr kannst Du ja Deine Kinder wieder einmal besuchen. […] Sei so gut, und schreibe mir, daß Du so einverstanden bist ich nehme sonst noch einen Strick und hänge mich auf.«

Offenbar ist Edith schwanger.

Am 14. Oktober wird Ernst von seiner dritten Frau Erika geschieden.

Im November schreibt Edith: »Mit Gerhard habe ich zur Zeit wieder schwere Sorgen, es klappt nicht so mit Mathe und Russisch. Du kümmerst Dich ja auch nicht einmal um ihn. Die Schularbeiten und alle anderen Probleme überläßt Du (wie immer) mir.« Und im Dezember: »Ernst, ich sage Dir Du kannst Dich nicht ändern, und ich wäre ja Prügel wert, wenn ich mit offenen Augen ein zweites Mal in mein Unglück rennen würde. Ich bleibe für mich mit den Kindern und dabei bleibt es. Ich werde nicht wieder heiraten das ist mein letztes Wort.« Dessen ungeachtet geht es um Weihnachtsgeschenke. Zum Jahresende ist Ernst dann doch in Hoyerswerda. Das waren wohl keine so schlechten Tage. Allerdings muss sie sich verteidigen, weil in der Wohnung Sachen von Hans waren. So endet ein aufregendes Jahr.

Und wie mag Gerhard diese Zeit erlebt haben?

Er wechselt zum Halbjahr der fünften Klasse die Schule. Von Weimar nach Hoyerswerda. Die neue Wohnung ist mehr als 300 Kilometer von der alten entfernt. Neue Lehrer, neue Klassenkameraden, neue Umgebung, der Vater ist weg. Der hat den Sohn manchmal geschlagen, erinnert sich Gerhard Jahrzehnte später. In Hoyerswerda erscheint ein Freund der Mutter, der ihm bei den Hausaufgaben hilft. Gerhard muss sich oft um seine kleine Schwester kümmern. Während die Mutter arbeitet, sind sie häufig allein. Dann erhält er die Uhr vom Vater. Der besucht sie im April und bleibt ein paar Tage. Die Eltern wollen wieder heiraten. Gerhard zieht mit Mutter und Schwester in eine neue Wohnung. Neuer Schulweg. Die Mutter schwankt in ihrer Haltung zum Vater. Der Vater kommt ein zweites Mal zu Besuch. Offenbar hat sich die Mutter jedoch schon vor diesem Besuch gegen die Heirat entschieden. Der Junge lebt ganz offensichtlich in einem Loyalitätskonflikt. Er entzieht sich dem Vater, bis dieser ihn als Briefträger benutzt, weil die Mutter auf den Vater nicht mehr reagiert. Gerhard bekommt vom Vater eine Gitarre geschenkt. Was für ein Geschenk. Wie kam der Vater darauf? Hat sich Gerhard eine Gitarre gewünscht? Hat der Vater gespürt, dass Gerhard sich für Musik interessiert? Jedenfalls scheint der Vater aufmerksam gewesen zu sein.

Der Sohn schreibt dem Vater in den Sommerferien einige Male. Kaum hat die 6. Klasse begonnen, lässt ihn seine Mutter am dritten Schultag allein, fährt nach Weimar und kommt erst drei Tage später wieder zurück. Wie geht es Gerhard in diesen Tagen? Wieder eine Trennung. Weiß er genau, für wie lange? Wer ist bei ihm? Hans? Und wie erlebt er seine Mutter nach der Rückkehr? Nur zwei, drei Tage später ist plötzlich sein Vater wieder in der Wohnung in Hoyerswerda, Familienpläne werden geschmiedet, die sich schon vier Wochen darauf in Luft auflösen. Es gibt Ärger zwischen den Eltern, das Ende des Jahres 1966 verbringen dann alle wieder gemeinsam in Hoyerswerda, seine Eltern lieben sich.

Anfang 1967 hadert seine Mutter erneut. Doch dann zieht Ernst im Sommer nach Hoyerswerda, die Eltern wollen wieder heiraten. Es folgt die einschneidende Geschichte: Gerhard findet im Keller eine echte Pistole seines Vaters, steckt sie ein, geht damit spazieren, gibt mit ihr auf dem Spielplatz an. Die Sache kommt raus. Der Vater wird wegen illegalen Waffenbesitzes verurteilt, die Strafe wird zur Bewährung ausgesetzt. Die Mutter trennt sich vom Vater, der zieht aus, lebt fortan woanders in Hoyerswerda und wechselt kein Wort mehr mit seinem Sohn, der sich Zeit seines Lebens schuldig fühlt. Und Gerhard spielt Gitarre. Seine erste hat er in diesem schwierigen Jahr 1966 von seinem Vater geschenkt bekommen.

Conny Gundermann erzählt eine kurze, wortlose Begegnung zwischen Ernst und dem inzwischen erwachsenen Gerhard in einem Café Anfang der achtziger Jahre. Sie bemerken sich, der Vater setzt sich an einen entfernten Tisch, der Sohn geht nicht zu ihm.

Natürlich fällt mir der Titel UND MUSST DU WEINEN ein, in dem von den Alten gesungen wird:

Die haben harte Hände und ein hartes Herz
Die streiten ohne Ende und die sterben früh
Die suchen ein Vergnügen
Und finden nur den Schmerz
Die können lügen
Aber leben können die nie.

Szene

Aus dem Drehbuch zum Film von Laila Stieler

104 Innen – Krankenhaus / Krankenzimmer – Nacht

GUNDERMANN
Papa? Papa, hörst du mich?

Es ist dunkel. Das Krankenzimmer wird nur von einem Notlicht erhellt. Gundi zieht einen Stuhl heran und setzt sich. Der Vater liegt greisenhaft eingefallen im Krankenbett. Eine junge Krankenschwester kontrolliert den Tropf und beobachtet Vater und Sohn. Gundi sieht dem Vater ins Gesicht. Der öffnet die Augen, sieht seinen Sohn einen Moment an – und dreht den Kopf weg. Gundi schluckt. Auch die Schwester ist verwirrt.

JUNGE KRANKENSCHWESTER
Vielleicht hat er Sie nicht erkannt. Lag ja fast eine Woche allein in seiner Wohnung mit dieser schweren Lungenentzündung.

GUNDERMANN
Haben Sie ihm gesagt, dass Sie mich angerufen haben?

JUNGE KRANKENSCHWESTER
(schüttelt den Kopf)

Wir hielten das für … selbstverständlich …?

GUNDERMANN
Isses ja auch …

Er nickt ihr zu. Sie zögert, fragt schüchtern:

JUNGE KRANKENSCHWESTER
Krieg ich ein Autogramm? Sie sind doch der Sänger? Der mit Bob Dylan gespielt hat?

Sie hält ihm einen Rezeptblock hin.

JUNGE KRANKENSCHWESTER
Für Teresa.

Gundi nickt und unterschreibt. Sie freut sich und geht. Gundi sieht ihr nach, dann lehnt er sich zurück und betrachtet seinen Vater, dessen Kopf abgewandt bleibt.

105 Innen – Krankenhaus / Flur – Morgen

Früher Morgen. Gundi tritt aus dem Krankenzimmer in den Flur. Conny schläft auf zwei zusammengeschobenen Stühlen. Sie schreckt hoch, als er sie sanft an der Schulter berührt.

GUNDERMANN
Na du …

Andreas Dresen

Er setzt sich zu ihr, schweigt.
Conny sieht ihn an.
Sie legt ihre Hand auf seine.

>CONNY
>Wann ist es passiert?
>GUNDERMANN
>Vor zwei Stunden etwa.
>CONNY
>Und …? Habt ihr noch geredet?
>GUNDERMANN
>Konnte er nicht mehr. Aber er hat mir die Hand gedrückt.

Conny sieht ihn an, zögert. Dann sagt sie schnell:

>CONNY
>Siehst du … ist doch schön.

106 Innen – Wohnung Vater – Tag

Conny und Gundi betreten die Wohnung und sehen sich um. Im Flur stehen Versandhauskartons bis unter die Decke, meist noch ungeöffnet.

>CONNY
>Ach Gott! Hatte wohl 'ne Leidenschaft fürs Sammeln, dein Vater?
>GUNDERMANN
>Was meinst du, wie es bei mir ausgesehen hätte, hätt ich dich nicht kennengelernt?

Er stößt die Tür zum Schlafzimmer auf, öffnet den Kleiderschrank. Jede Menge alte Hemden, Hosen, Westen, Arbeitssachen. Gundi steht einen Moment davor, seine Finger streichen über die Stoffe. Er zieht einen gestreiften Bademantel heraus. Hält ihn sich an.

Sein Blick fällt auf einen Sekretär in der Ecke. Er versucht, die Schublade aufzuziehen. Sie klemmt erst, dann jedoch springt sie ihm mit einem Ruck entgegen und ihr Inhalt ergießt sich auf den Boden. Es sind Zeitungsartikel. Eine prall gefüllte Schublade mit Artikeln über Gundi.

Conny kommt herein, hockt sich zu ihm und stößt einen überraschten Laut aus.

>CONNY
>Von wegen Kontakt abgebrochen!

Sie hockt sich zu ihm, fischt den einen oder anderen Zeitungsausschnitt aus dem Haufen.

>CONNY
>Guck ma, die Werner-Walde-Sache!

Sie zeigt ihm ein Foto, auf dem Werner Walde im Tagebau mit Gundi diskutiert. Es könnte ein Streit sein oder auch nur eine lebhafte Unterhaltung. Sie betrachtet lächelnd das Bild:

>CONNY
>Ein Glück, dass du dich damals bei dem entschuldigt hast, sonst …
>GUNDERMANN
>Entschuldigt? Ich?? Nee! Quatsch!
>CONNY
>Nicht? Mir war so …

Sie lacht, zuckt mit den Schultern. Gundi steckt das Foto ein und schlendert ins Bad. Er sinkt auf den Rand der Badewanne, die bis obenhin mit Trabant-Ersatzteilen gefüllt ist. Sogar im Waschbecken liegt ein Stoßdämpfer. Er zieht das Foto raus und betrachtet es.

135 Innen – Baggerkabine – Tag

Gundi sitzt in der Glaskanzel. Er schaut auf den Monitor und nach draußen, bewegt den Joystick. Ein kleiner Ruck. Dann wieder das sanfte Vibrieren. Er schaut zum Monitor. Nach draußen. Ruhig. Er singt ins Diktiergerät:

>GUNDERMANN
>Vater, Vater komm … Vater, lass uns …
>Vater, back mir … Vater-

136 Innen – Haus Gundermann / Arbeitszimmer – Nacht

Gundi sitzt im Bademantel seines Vaters auf dem Sofa. Der Boden um ihn herum ist bedeckt mit Blättern aus der aufgeschlagenen Akte. Gundi singt leise. Als er aufschaut, sieht er den kleinen Jungen mit der Pistole neben sich.

> GUNDERMANN
> *Vater komm nu back mir n Kuchen, mach mich heil, mach mich wieder jung. Willst du nicht das Rezept noch mal suchen aus der Erinnerung? Ist in den Taschen von dein'm Bademantel nicht noch bißchen Salz vom Urlaub an der See? Wo ist der Zucker, der so seltsam süß schmeckt wie Oberhofer Schnee? Hier muß er doch irgendwo sein. Hier muß er doch irgendwo sein. Hier irgendwo …*
> *Und wie ein Kreisel drehe ich mich in deinem Zimmer, ich streck die Fühler aus, doch du warst wieder der schnellere Schwimmer, du bist schon zum Fenster raus. Vater sag, ist in dem Koffer, dem gelben, noch der alte Projektor? Ich spul den Film zurück, bis zu dem Tag, bis zu jener Stelle, als es noch nicht weg war, das Glück.*

Er legt die Gitarre weg und geht hinaus. Das Sofa ist leer.

Ich mochte seinen Humor und dass er keinen falschen Respekt kannte.

Lutz Kerschowski: Sieben Jahre Zusammenarbeit mit Gundermann

Als meine Armeezeit im Herbst 1975 zu Ende ging, wusste ich, dass die nächste Etappe auch nicht einfacher wird. Es war Zeit, mir irgendeinen Weg durch den real existierenden sozialistischen Dschungel zu suchen. Davor war mein Zuhause eine Arbeitersiedlung am nördlichen Berliner Stadtrand: Blankenfelde – ein Name, ein Programm, dahin zog es mich erst mal nicht zurück. Ich konnte inzwischen ganz passabel Gitarre spielen, hatte mir alles vom Tonband runtergehört, was damals zu kriegen war, und ging auf die berüchtigte Musikschule Friedrichshain. Die war extra für Rockmusiker eingerichtet worden, die neben ihren »Muggen« eine »Profi-Pappe« machen wollten. Ich fühlte mich dort wie der einzige, der noch keine Band hatte und der wirklich was lernen wollte, denn ich war auf der Suche und saugte alles um mich herum auf wie ein Schwamm. Nicht nur Musik, sondern auch Bücher und Filme – von Hermann Hesses SIDDHARTHA über Volker Brauns NOTATE bis zu Stuart Hagmanns BLUTIGE ERDBEEREN und Ingmar Bergmans HERBSTSONATE. Mein Tonbandgerät war immer ans Radio angeschlossen und ich musste nur auf »Aufnahme« drücken, wenn irgendwas Interessantes lief. Friedrichshain war dagegen müde, ich hatte es mir anders vorgestellt und fing nach dem ersten Jahr an zu zweifeln.

Den Sommer davor hatte ich mit meinem alten Schulkumpel Bunki an der Ostsee verbracht. Wir spielten Gitarre am Strand oder in Kneipen und verstanden uns gut. Jetzt wollte er zum Studium nach Dresden und erzählte was von ein paar Leuten in irgendeiner Songgruppe, die er dort kannte. Das klang nach Musik, also ging ich kurzentschlossen mit und wir zogen zu einem Freund in der Meißner Landstraße. Bald waren wir ständig bei deren Proben, und bei den Auftritten durften wir ab und zu sogar mal ein paar Songs von *Crosby, Stills, Nash & Young* oder John Mayall einstreuen. Der Bassist der Songgruppe, Ebs Hasche, hatte die Musik für ein thematisches Liedprogramm geschrieben, das ich ziemlich gut fand. Es ging um ein Mädchen, Buchbinderlehrling Regine, die Probleme bekommt, weil sie unerlaubt im Wohnheim ihres ausländischen Freundes wohnt, und dann gab es auch noch einen Selbstmordversuch im Nebenzimmer. Rea-

Gerhard Gundermann und Lutz Kerschowski in der Akademie der Künste zu Berlin, 9. November 1982

listisch und berührend, vor allem durch die Musik. Als ich bei einer Probe dann auch noch Corinna Harfouch kennenlernte, die irgendwas an der TU studierte und in der Songgruppe mitsang, war ich vollends überzeugt, dass diese Szene viel interessanter und anregender ist.

Dann ging alles recht schnell – Anfang 1976 wollte jemand in Berlin auch so eine Gruppe gründen und Bunki dabeihaben, ich durfte mitmachen und schon waren wir wieder zurück. Ich besetzte eine kleine Wohnung in Pankow, er zog mit ein und ab sofort waren wir ein lustiger Junggesellenhaushalt. Irgendein Job ganz in der Nähe musste her, damit wir kurze Wege hatten, ein bisschen Geld und unsere Ruhe. Die Firma Autotrans suchte immer Leute und bot an, »nebenbei auf der Abendschule« den Abschluss als Autoschlosser zu machen. Das konnte nicht schaden, aber das Eigentliche passierte bei den Proben und dann kam auch schnell der Name Gundermann ins Spiel. Denn wir konnten zwar Musik, brauchten aber dringend jemanden, der Texte kann. Tja, blöd und unsicher wie wir waren, machten wir die Ursünde fast aller DDR-Bands mit und fingen nicht einfach selbst an, draufloszuschreiben. Das war zwar erst mal bequemer, schuf aber gleich neue Probleme – wie soll man jemandem klarmachen, was man will, wenn man es selbst gar nicht so genau weiß? »Schönen guten Tag auch, Mister Gundermann, wir wollen irgendwas ganz Anderes machen … schreibst du uns dafür ein paar Texte?«

An einem Vormittag im Februar lief im Fernsehen die Wiederholung von KENNZEICHEN D, und ich wurde hellhörig. Da sangen Pannach und Kuno von *Renft* zwei Songs, derentwegen die Band verboten worden war. Kaum zu fassen – gerade noch war die zweite *Renft*-LP rausgekommen, und ich konnte sie gar nicht oft genug hören, jetzt waren die beiden in West-Berlin gestrandet und sangen GLAUBENSFRAGEN, über einen Wehrdienstverweigerer, und die BALLADE VOM KLEINEN OTTO, der in den Westen abhauen will. Waren die so rebellisch oder so naiv? Jeder gelernte DDR-Bürger hatte es doch im Blut, dass man damit unmöglich durchkommen konnte? Oder wollten sie es drauf ankommen lassen und hatten zu hoch gepokert? Oder war ich so naiv und viel zu brav? Ein halbes Jahr später, im November 1976, lief dann das Kölner Biermann-Konzert. Sein Liedermacher-Stil lag mir nicht besonders und ich fand den Abend ermüdend lang und ihn ziemlich selbstverliebt. Ein paar Tage später wurde er ausgebürgert, was ihn dann erst so richtig bekannt machte. Zumindest wusste danach auch der letzte im Land, woher der Wind jetzt weht. Die Bands passten sich erstaunlich schnell an und produzierten statt Rockmusik eine Art Popschlager. Der Bluesgitarrist Hansi Biebl bekam beim Schlagerfestival in Dresden 1977 einen Grand Prix mit seiner neuen Band *4 PS* und dem ZWEIGROSCHENLIED, die nächste Single war das LIED VON DER MÄRCHENFEE. Im Jahr darauf gewann die Gruppe *Karat* den Schlager-Grand-Prix mit den SIEBEN BRÜCKEN. Dabei waren die *Karat*-Musiker nur wenige Jahre zuvor noch der Kern der deutlich experimentierfreudigeren Band *Panta Rhei*. Jetzt sang auch Herbert Dreilich von der MÄRCHENZEIT. Klar, alles schöne Lieder, und es gab noch mehr davon. Aber der Eckzahn war gezogen, der Biss war weg und wich einem falschen Lächeln.

Das war damals unser Umfeld und auch das von Gundermann, denn er lebte im selben Land, atmete dieselbe Luft und hörte dieselben Sender. Und er sollte ein ziemlich guter Texter sein. Also machten wir einen Termin aus und fuhren mit dem Zug nach Hoyerswerda. Mein Gott, was für ne hässliche Stadt … ich kannte sie nur aus dem Buch FRANZISKA LINKERHAND von Brigitte Reimann, da hieß sie »Neustadt«. Gundermann wohnte in einem riesigen Neubauklotz in der Wilhelm-Pieck-Straße 83c. Auch so eine Junggesellenbude, klein und vollgestopft mit Krimskrams, vor allem Fach- und Sachbücher und Zeitschriften. Als er die Tür öffnete, war mein Eindruck widersprüchlich – lange blonde Haare und Riesen-Buddy-Holly-Brille, dunkelgrauer Trainingsanzug und Schlappen. Wir hatten zur Auflockerung eine Flasche Rotwein mitgebracht, aber er wollte nichts davon und trank nur ab und zu einen Schluck aus seiner Seltersflasche. Für uns seltsame Trinkgewohnheiten, aber Gundermann hatte damals auch merkwürdige Essgewohnheiten. Als ich ihn später einmal besuchte, kam er gerade von der Schicht und hatte Hunger. Während wir uns unterhielten, kochte er einen Beutel KuKo-5-Minuten-Reis, rührte eine Büchse Hering mit Tomatensoße rein und verschlang alles direkt aus dem Alu-Topf. Ein schrulliger Typ, der aber bei unserem ersten Treffen konzentriert im Sessel saß und sich anhörte, was wir uns ausgedacht hatten.

Wir wollten keine einzelnen Songtexte, sondern eine durchgehende Story, etwa eine Stunde lang. So was hatten wir ja schon in Dresden gehört und auch *Karls Enkel* in Berlin schrieben jetzt solche Programme (mit Wenzel und Werner Karma hatten sie gleich zwei gute Texter). Dann gab es auch noch die Platten von *Lok Kreuzberg* (bald die *Nina Hagen Band* und später *Spliff*). Ich mochte ihre durchgehenden Geschichten wie JAMES BLOND und auch die aktuelle LP mit MOUNTAIN TOWN auf der kompletten B-Seite. Scheinbar lag das damals in der Luft. Bei uns sollte es um einen jungen Typen gehen, der nach der langweiligen Lehre zur Armee kommt und kurz vor der Entlassung im Ausgang eine Frau kennenlernt. Es fühlt sich für ihn an wie eine Stunde null, ein möglicher Neustart, und er beschließt, in der Stadt zu bleiben. Um sie zu erobern, fängt er sogar im selben Betrieb an, und bald mag sie ihn auch. Alles könnte so schön sein, aber dann gibt es Ärger. Auf einer Versammlung reißt sie den Mund auf und beschwert sich, während er schweigt. Eigentlich will er nur mit ihr zusammen sein, aber plötzlich ist ihr Ärger auch seiner, denn sie macht ihm Vorwürfe. Es gibt Streit, er haut ab, kann dann aber doch nicht anders, als wieder umzudrehen. Jetzt sitzt er im Zug und muss sich irgendwas einfallen lassen, damit es ihr wieder besser geht … mit dem Rattern der Räder schläft er ein und träumt das etwas abgedrehte Finale. Neben der Geschichte von Casino und Therese war die zentrale Frage des Stückes: Was ist hierzulande los mit der Demokratie? Was darf man sagen, wer darf was sagen, wo darf man überhaupt mitreden? Jeder wusste, dass die Sache mit dem demokratischen Zentralismus hinten und vorne stank. Darum wollten wir versuchen, etwas Substantielles zu dem Thema auf die Bühne zu bringen – aus unseren aktuellen Erfahrungen heraus, brisant und realistisch erzählt.

Gundermann hörte sich alles in Ruhe an und sagte dann etwas in der Art: »Das Thema interessiert mich auch, klar. Finde ich gut, dass ihr nicht nur rumjammern wollt wie die letzten Popen. Es geht ja schließlich auch nicht nur um fehlende Appelsinen … So eine Art Stück wäre auch für mich 'ne neue Herausforderung und reizt mich schon.« Dann spielte er uns ein paar seiner Lieder vor und ich wurde unschlüssig, ob wir wirklich zusammenpassten. Er sang vom ARMEN KONRAD, der gegen Ritter und Pfaffen kämpft, und er sang davon, dass er in den Stiefeln seines Vaters den Kreis betritt – nicht wirklich das, was ich mir vorgestellt hatte. Aber seine Version von BYE BYE LOVE von den *Everly Brothers* hatte dann was: »Da geht mein Baby mit einem Mann / der hat ein Auto mit Hänger dran / sie fahren zelten und ich bleib hier / sich zu erkälten, das wünsch ich ihr …« Darum waren

Gerhard Gundermann und Lutz Kerschowski in der Akademie der Künste zu Berlin, 9. November 1982

wir dann auf der Heimfahrt doch zuversichtlich, mit ihm gemeinsam schon irgendwas auf die Beine stellen zu können.

In den folgenden Wochen und Monaten trafen oder schrieben wir uns, feilten an der Story und Gundi lieferte Texte, die wir verwarfen, änderten oder vertonten. Als alles fertig war, hieß unser Typ Casino, weil er nur diese filterlose Sorte rauchte (nicht die kultige Karo), das Mädchen hieß Therese und wohnte in Neustadt (hallo Hoywoy). Casino saß in der Bahn und erzählte die Geschichte aus dem Rückblick und die Zugmusik war der Faden, der alles verband und zusammenhielt. Es gab zwölf Songs, unter anderem auch IRGENDWANN WERD' ICH MAL von der letzten *Renft*-LP. Für den zentralen Konflikt in der Firma hatte Gundi drei Texte geschrieben: AN DIE BÜROKRATEN / DEMOKRATIE / ZUWENIG. Der erste beschrieb schon damals in einem Bild, was dann 1989 real passiert ist: »Ihr könnt mich übersehen, Ihr könnt mich übergehen / So, wie man einen schmalen Bach überspringt / Ihr könnt Euch dran gewöhnen, so ein leises Stöhnen zu überhören / Wie man den Regen überhört / Doch im Frühling, wenn Regen und Bach sich einen / Daß zwischen Ufern sich wilde Wasser staun / Werdet Ihr am Ufer stehn und ach, so bitter weinen.« Der Text von DEMOKRATIE, den wir als Tango vertonten, war direkter: »Wenn sie am Schreibtisch sitzen, Diener unserer Macht / kommt vor, daß einer über die kleinen Sorgen lacht / kommt vor, daß beim Regieren einer mal vergißt / wo die Macht mit Wurzeln festgewachsen ist.« Und der Song ZUWENIG wurde gut zehn Jahre später der (fast) letzte Titel auf Gundis erster LP: Nachdem Therese von ihren Chefs kalt abgebügelt worden ist, ist sie nicht nur sauer auf die, sondern auch auf sich selbst: »Wie oft, wenn wir nicht einverstanden sind, fehlen uns die Argumente / wir sagen, daß es so nicht weitergeht / wissen aber nicht, wie's anders gehen könnte. / ... / Es fehlt mir nicht am Mut zum großen Streit / und ich springe auf / der Klügere gibt manchmal nach / der wenig weiß, der gibt zu oft auf.«

Über den Text haben wir lange geredet und blieben unterschiedlicher Meinung. Gundi sagte, man müsste sehr viel lesen, studieren, wissen, um ein qualifizierter Gesprächspartner für »die Guten« auf allen Ebenen zu werden. Erst dann könne man auch »die Bürokraten, die Blödmänner und Bremser« mit besseren Argumenten überzeugen oder mundtot machen. Diese Hoffnung, mit den höheren Funktionären reden oder »die Fürsten erziehen« zu können, habe ich nicht geteilt (und nicht nur wegen *Renft*). Meine Erfahrung war: Selbst mit den besten Argumenten der Welt rennt man gegen Mauern, wenn der andere oder das System, in dem er agiert, verknöchert ist. Und im Stück fand ich das Thema zu schwergewichtig für Thereses Schultern. Gundi meinte dagegen, man müsse das »im größeren Zusammenhang« sehen. Im KRABAT-Programm, das er ein Jahr vor CASINO geschrieben hatte, war Wolf Reissenberg der Typ Mensch, der durch die Jahrhunderte zieht und raubt, mordet und ausbeutet. Nach 1945 war er demnach besiegt und »hing am Baum der Geschichte, blaue Zunge zwischen den Zähnen, hier und überall ostwärts der Elbe«. Das Denken in diesem Gut-Böse-Schema war damals aber nicht nur für Gundi typisch. Wie sollte man auch wissen, dass die angeblich Guten bald das ganze Land »ostwärts der Elbe« lieber den Bach runtergehen ließen, als mit jemandem wie ihm oder *Renft* gemeinsame Sache zu machen.

Ich bin abgeschweift. Den Schluss von ZUWENIG habe ich später für unsere Version geändert, aber das kleine Heftchen, das mir Gundi »zum Studieren« mitgab, habe ich natürlich trotzdem gelesen. Es war von Wladimir Kokaschinski und trug den Titel: »Worüber diskutiert man in der UdSSR?«. Das CASINO-Programm spielten wir dann ungefähr zwei Jahre lang. Irgendwann fingen wir an, hinterher noch eine Runde mit allen möglichen Songs dranzuhängen, die uns gefielen, z. B. von *Renft* und *Engerling*. Als wir einmal auf einem Dachboden im Spreewald einen Haufen *Beatles*-Songs probten, kam Gundi vorbei, fand die Idee super und startete mit seiner Gruppe das Coversong-Projekt BIG BLACK BAGGER BAND. Inzwischen nannten wir uns *Regenmacher* und seine Gruppe benannte sich um in *Brigade Feuerstein*. Er meinte, wegen der Lausitzer Braunkohle, ich dachte eher an die *Familie Feuerstein*, an Fred und Wilma und ihren Nachbarn Barney Geröllheimer, was mir genauso sympathisch war.

Im Sommer 1979 wälzte »Plundermann«, wie er seine Briefe manchmal unterschrieb, eine neue Programm-Idee für uns im Kopf hin und her, kam aber nicht so recht voran. In dieser Zeit hatten seine Briefe zwar meist lustige Anreden (»Guten Morgen, liebe Gewitterfritzen« / »Liebes Regen-Lutzl« / »Dearly Rainmakers«) und endeten auch so (»… das war nicht mein letzter Brief diesen Monat, ihr Rattenköppe!«), dazwischen türmten sich aber zunehmend Berge an theoretischen Erläuterungen. Offensichtlich war er nicht nur auf der Suche nach einem neuen Thema, einer neuen Story, sondern auch nach einer neuen Form dafür und dem Konzept dahinter. Gundi schrieb: »Ich muß einen Qualitätssprung schaffen, und der ist abhängig von meinem Grad an Bildung und Weltverständnis.« Er nannte seinen WILDE WASSER-Text aus CASINO auf einmal ein »engherziges Wehkotzen« und an dem ganzen Stück fehlte ihm »das Einordnen unserer Problematik in die historische und weltweite Dimension«. Wir fragten uns, ob wir das überhaupt wollten.

Irgendwann Ende '79 gab es dann den Ansatz einer neuen Story mit dem Arbeitstitel KUTSCHER UND SOLOTÄNZER und ein paar erste Texte. Es ging um ein Porzellanwerk, das von einer Elefantenherde heimgesucht wird, die aus einem Zirkus ausgebrochen ist. Dass diese verrückte Geschichte nie fertig wurde, hat dann aber weder ihn noch uns gewundert oder enttäuscht. Wir fuhren gerne weiter mit unseren skurrilen Songs durchs Land, und Gundi hatte genug in Hoyerswerda zu tun, wo auch wir immer mal wieder auftraten. Zur Überbrückung hatte er uns alle möglichen Texte gegeben, entweder speziell für uns geschrieben oder aus seiner Schublade, und wir vertonten sie auf unsere Art, möglichst originell. Im Gegensatz zu ihm hatte die Musik für uns schon immer denselben Stellenwert wie die Texte, sie sollte ebenso interessant und vielschichtig sein. Gundi sah sie eher als eine Art »Transportmittel für den Text« an, die *Feuersteine* konnten ein Lied davon singen.

1980 fing ich ein Musikstudium an und musste mir nebenbei ein paar typische Musiker-Jobs suchen (Hausmeister, Verkäufer im Plattenladen, Gitarrenlehrer). Eine größere Wohnung wurde auch besetzt, denn inzwischen hatte ich eine kleine Familie mit zwei Kindern. Heute frage ich mich manchmal, wie das alles ging, neben der Band. Der Tipp mit der leerstehenden Wohnung war von der Schauspielerin Petra Kelling gekommen, die dann mit ihrem Mann, dem Regisseur Richard Engel, eine Treppe unter uns wohnte. Sie kannten Gundi auch, und als er einmal bei uns in Pankow zu Besuch war, fragte er mich, warum ich meinen »Arbeitsplatz in der Industrie« aufgebe und ob ich nicht befürchte, »die Bodenhaftung zu verlieren«. Ich sagte, dass seine Arbeit auf dem Bagger vielleicht anregend ist und nachts sogar romantisch, meine dagegen war eher stupide und hat mir die Finger kaputtgemacht, die ich zum Gitarrespielen brauche. So richtig überzeugt hat ihn das aber nicht, darum habe ich ihm dann noch eine Kassette mitgegeben und gesagt: »Hör dir mal an … der Typ hat noch nie was anderes gemacht als Musik.« Es war Springsteens DARKNESS ON THE EDGE OF TOWN und auf Bruce ist Gundi dann auch abgefahren. Aber professionell Musik zu machen, blieb ihm suspekt.

Selbst als 1981 *Pankow* auftauchte und ein Ruck durch die Landschaft ging. Mit einem kleinen Paukenschlag brachte PAULE PANKE den Biss zurück: Lehrling Paule kommt morgens nicht hoch; im Betrieb will er was von Mathilde, aber sie beachtet ihn nicht; dann gibt es eine Versammlung, auf der sie den Mund aufreißt und sich beschwert, während er schweigt; eigentlich will er nur mit ihr zusammen sein, aber plötzlich ist ihr Ärger auch seiner, denn sie macht ihm Vorwürfe; er macht sich selbst Mut mit dem Song KOMM AUS'M ARSCH! Soweit so gut und alltäglich, und klar gab es Ähnlichkeiten zur CASINO-Story, die Gundi und uns gefreut haben. Aber diese Band und dieses Stück waren einen ganzen Zacken schärfer als alles, was ich bis dahin in der DDR gehört hatte. Gegen die Power und Professionalität von *Pankows* Musik, die erfrischende Arroganz des Sängers und den rotzfrechen Realismus der Texte wirkten wir und auch alle anderen wie Waisenknaben. Das Stück war auf dem Mist von Wolfgang Herzberg (alias Frauke Klauke) gewachsen, der gleich bei mir um die Ecke in Pankow wohnte. Wir freundeten uns an und auch mit ihm begann ein reger Austausch.

Ein anderer Meilenstein war für mich damals das Doppelalbum THE WALL von *Pink Floyd,* und ich schwärmte Gundi gegenüber von der Story, der Musik und von den genialen Gitarrenparts. Er meinte: »Klar, die sind schon gut, aber wenn man mit der richtigen politischen Einstellung auf die Bühne geht, ist es egal, wie man Gitarre spielt.« Bald darauf begannen die Dreharbeiten für den Dokumentarfilm GUNDI GUNDERMANN, bei dem meine damalige Frau Regie-Assistentin war. In einer Szene sagt Gundi zu den *Feuersteinen:* »Wie einer Gitarre spielen kann, ist gar nicht ausschlaggebend. Wenn wir gute Politik machen, können wir spielen wie 'ne Dorfband …« Kaum verwunderlich, dass er immer wieder mal Probleme mit seiner Band bekam. Kurz darauf haben sie sich dann auch erst mal getrennt. Darum fragte er uns, ob wir ihn bei einem wichtigen Auftritt in der Akademie der Künste in Berlin begleiten könnten. Das war zwar nicht unsere Welt, aber warum nicht. Also verabredeten wir mehrere Proben, denn Gundi hatte extra ein paar neue Texte dafür geschrieben, die wir vertonen sollten. Wenige Tage vorher schrieb er uns dann aber, dass aus den Proben leider nichts wird: »… weil ich nun wirklich mal meine Fahrerlaubnis machen muß.« Immerhin gab es dann doch noch einen einzigen gemeinsamen Abend, zwei Tage vor dem Konzert.

Am 9. November 1982 trat dann vor uns Wenzel solo auf, danach machten wir mit Gundi »ein bisschen Krach in der Akademie«, wie er es nannte. Die Set-List, damals schlicht Reihenfolge genannt, war ziemlich »proletarisch« und enthielt u. a.: EISENMANN / LOHNTAG / DEMOKRATIE-TANGO / ZUWENIG / ARBEITER SEIN und das EINHEITSFRONTLIED '82. Das war der Brecht-Eisler-Song plus drei neue Strophen, die jeweils anfingen mit »Und weil der Prolet ein Prolet ist …«. Manche im Saal hatten einen so lauten Beitrag nicht erwartet und waren irritiert, Richard Engel warf uns hinterher gar »Proletkult« vor. Gundi amüsierte sich gemeinsam mit uns über die Reaktionen und meinte: »Irritation ist mein zweiter Vorname.« Ich mochte seinen Humor und dass er keinen falschen Respekt kannte.

Acht Wochen später kam ein Brief aus Hoyerswerda mit einer neuen Adresse – Gundi wohnte jetzt mit Conny zusammen in der Florian-Geyer-Straße und die beiden luden uns zu ihrer Hochzeit am 5. März 1983 ein. Ich erinnere mich noch dunkel, dass wir uns dafür gemeinsam mit Petra Kelling und Richard Engel ein kleines Stück ausgedacht und aufgeführt haben, GLÜCKSLAND. Worum es dabei ging, weiß ich kaum noch. Nur, dass darin ein Held vorkam, der einen Drachen besiegen musste (logisch, was sonst bei Gundi) und, dass ich darin den Ursprung des Namens Hoyerswerda aufklären konnte: Der Held steht vor der Höhle und schreit mutig: »Ungeheuer …!«, der Drache erwidert müde: »… 's wer da?« Viel mehr konnte ich nicht beitragen, denn mit meinen Gedanken war ich schon nicht mehr ganz anwesend. Nach sieben anregenden Jahren in diesem Umfeld zog es mich weiter, und ich hatte ein Gefühl wie Casino in seiner Stunde null: »Der Gipfel ist erstiegen nun, die Fahne weit zu sehn / Der Sprinter reißt das Zielband durch und bleibt dahinter stehen / Ein Mann gibt einer Frau die Hand, sie frieren im Morgenwind / Ein Raumschiff steht auf freiem Feld und der Countdown beginnt.«

Nachdem im Oktober 1983 mein Vater gestorben war, traf ich ein paar überfällige Entscheidungen und ein neues Kapitel begann. Unser Schlagzeuger war bei der Armee, wir legten eine Bandpause ein, ich konnte das erste Mal seit Jahren ein wenig durchatmen und mir in Ruhe all die Songs ansehen, die ich inzwischen in meine Hefte geschrieben hatte. Ich schloss das Studium ab, verkaufte nach der letzten Prüfung die Konzertgitarre und investierte das Geld in ein gutes Gesangsmikrofon. 1985 startete ich mit einer neuen Band und ein Jahr später kam unsere erste LP raus. Gundi verlor ich trotz allem nie ganz aus den Augen. Wir schrieben uns weiter Briefe oder liefen uns immer mal wieder über den Weg. Im November 1990 gab es sogar eine gemeinsame Tournee, bei der sich aber kaum Gespräche zwischen uns ergaben, weil Gundi und Conny meist für sich blieben. Er schien in dieser Zeit ziemlich neben sich zu stehen, auch auf der Bühne. Mit seinem verbeulten Hut, durch dessen hochgeklappte Krempe ein Alulöffel steckte, wirkte er seltsam fremd zwischen den *Wilderern,* die ihn damals begleitet haben. Die Band bestand fast komplett aus den Musikern, mit denen ich Anfang des Jahres noch selbst unterwegs gewesen war. Inzwischen spielte ich Gitarre in der Band von Rio Reiser, den ich 1988 bei einem gemeinsamen Konzert kennengelernt hatte. Und auch mit Rio sollte die Zusammenarbeit dann sieben Jahre dauern.

Viel Arbeit für ein Lächeln

Ingo »Hugo« Dietrich: Unsere Zeit bei der Brigade Feuerstein in Hoyerswerda

»Vor gar nicht allzu langer Zeit lebten im Land KLINGKLANG in der Stadt WEISSNICHTWO ein paar lustige Gesellen …« So oder ähnlich begannen die ersten Stücke der *Feuersteine,* die Gundi für die kleinen und großen Kinder dieser Stadt Hoyerswerda, genannt Hoywoy, erfand, der Stadt, über die Reinhard »Pfeffi« Ständer einmal schrieb: »In dieser Stadt braucht man nur zwei Anzüge, einen Arbeitsanzug und einen Schlafanzug.« Die Geschichte der *Feuersteine* ist eng und untrennbar mit dieser Stadt verbunden.

Von dieser Geschichte berichte ich. Es wird auch meine Geschichte sein, befangen und voller Sehnsucht, mit einem weinenden Auge und einem Lächeln im Herzen. Es war die Zeit, die uns geformt hat, in der wir das »Lieben und Streiten« lernten, aufgebrochen sind und hin und wieder auf die Fresse fielen. Uns verletzten und uns letztlich wieder gegenseitig die Wunden leckten. Familien gründeten, Kinder zeugten, Freundschaften schlossen und auch wieder begruben. Für die meisten von uns die spannendste Zeit überhaupt: »Hier sind wir geboren …«, auch wenn es uns später in verschiedene Richtungen trieb und nicht jeder ein »freies Rollfeld« für sich finden konnte.

Ende der fünfziger Jahre des vergangenen Jahrhunderts beginnt sich das kleine Städtchen Hoyerswerda mit knapp 7000 Einwohnern zur »2. sozialistischen Wohnstadt« mit etwas mehr als 70 000 Einwohnern zu mausern. Die noch junge Republik braucht Energie und Wärme. Der geplante Ausbau des Energiekomplexes Schwarze Pumpe, mit seinen Tagebauen, Brikettfabriken, Kraftwerken, der Stadtgaserzeugung und den vielen anderen Einrichtungen, verlangt nach Arbeitskräften – und sie kommen, aus allen Ecken des Landes. Und sie brauchen natürlich Wohnungen, für sich und ihre Familien. Diese entstehen rund um den alten Kern der Stadt. Anfangs noch gemauert, dann aber in Plattenbauweise. Das geht schneller. Wohnkomplexe entstehen – liebevoll werden sie WK 1, WK 2 bis WK 10 genannt. Ihre Straßen tragen besondere Namen, der eine WK die Namen sowjetischer Kosmonauten, ein anderer die deutscher Dichter, der nächste orientiert sich an den Namen bedeutender

Gerhard Gundermann, Berlin 1981

Mediziner und weiter mit Widerstandskämpfern, Musikern, Komponisten, Wissenschaftlern … Die Stadt wächst, mit Einkaufshallen, Kinderkrippen und Kindergärten, Schulen, Krankenhäusern, Broilerbar, ein paar Kneipen und diversen kulturellen Einrichtungen. Die Kultur- und Sporthalle »Alfred Scholz«, eine Stadt- und eine Kinderbibliothek, das Jugendklubhaus »Nikolai Ostrowski«, ein Museum im Schloss mit Tierpark dazu.

Grenze gezogen
Sie hatten eine Grenze gezogen,
quer durch das geschlagene Deutschland.
Und haben uns auch um die Wärme betrogen
die Steinkohle in ihrer harten Hand.
Nach Wärme mußten wir graben
in der Spremberger Heide im Sand.
Abends saßen wir in der Kneipe,
die wurde »Schwarze Pumpe« genannt.

Die Sehnsucht hieß elektrischer Strom
ohne den dreht sich doch kein Rad.
Haftentlassene und Aktivisten
Frisöre bauten ein Kombinat. …

Haben sich einen Tierpark gebaut
da führen sie sonntags ihr Lächeln aus.
Sitzen in überfüllten Cafes
und sind schon ein bißchen zuhaus.

Tag für Tag – im Dreischichtsystem und rollender Woche – bringen unzählige Busse die fast 15 000 Maschinisten, Schweißer, Brikettierer, Baggerfahrer, Elektriker, Gelernte und Ungelernte an ihre Arbeitsplätze und nach acht Stunden wieder zurück an den heimischen Herd mit offiziell einem Fernsehprogramm. Eine Tristesse, der man versucht, mit monatlichem Deputatschnaps und einem etwas überdurchschnittlichen Angebot in den Verkaufshallen zu begegnen. »Hoywoy« und »Pumpe« sind Chefsache, hier wird mehr als die Hälfte des gesamten Energiebedarfs des Landes produziert, unter teilweise schwersten Bedingungen für Mensch und Maschine. »Blauer Würger« und zusätzliche Obstlieferungen reichen schon bald nicht mehr. Da muss noch Kultur her. Zwei große Stadtfeste im Jahr mit dem Besten und auch weniger Besten, was die Unterhaltungsszene zu bieten hat und ein jährliches internationales Bildhauersymposium unter Leitung des Hoyerswerdaer Künstlers Jürgen von Woyski. Die Ergebnisse finden ihren Platz in den jeweiligen Wohngebieten. In der Alfred-Scholz-Halle gibt es Konzerte von Chris Barber, *Mr. Acker Bilk, Renft,* den *Klosterbrüdern,* Klaus Lenz und Nina Hagen. Die Musikfesttage der Stadt laden ein zu klassischen Konzerten, auf dem Parkplatz vor dem Centrum-Warenhaus wird mit ungarischen Rockbands gefeiert, Rummel und Zirkus mit Bockwurst und Bier, Tiergartenfeste, und im Kulturbund der Stadt trifft man sich mit Autoren wie Brigitte Reimann, Maxi Wander, Sarah Kirsch, Christa Wolf … Architekten, Schauspielern und Komponisten.

Eine Stadt wird geboren wie ein Kind
schreiend und nackt.
Die Fenster nach innen und außen noch blind
und man wünscht ihr,
die Dinge, die erst einmal notwendig sind:
Steinerne Wände gegen den Wind,
verschließbar die Tür'n.
War die Stadt noch ein Kind
und zeugte schon Kinder
und mußte doch selbst erst mal wachsen
aus ihrem grauen Kleid.

Neue Veranstaltungsorte, Klubs entstehen, in den Heizungskellern der Wohnkomplexe, in Einrichtungen der Stadt. Hier wird gemeinsamen Interessen nachgegangen, werden Talente entdeckt und gefördert, im Jazz-, Film-, Utopia-, Indianistik- und Literaturklub. Der Krabatklub hat sogar schon einen eigenen Laden, irgendwann werden es um die 20 sein, die in Hoyerswerda existieren. Einmal im Jahr gibt es die »Kulturtage der Jugend« mit weit über 50 Veranstaltungen, eine Woche lang Theater, Film, Jazz, Folklore und Kinderfeste in der Stadt, lange bevor man beschließt, Betonwürfel aus dem Boden zu stampfen, die eine »sinnvolle« Jugendarbeit ermöglichen sollen.

An den meisten Schulen gibt es Chöre und Singeklubs. Aus dem Chor der Erweiterten Oberschule der Stadt entwickelt sich Ende der 1960er Jahre der Singeklub Hoyerswerda. Dora Gebauer, die Chorleiterin, betreut auch den Singeklub. Damit wird der mehrstimmige Satzgesang charakteristisch für die vorgetragene internationale Folklore, die Solidaritäts- und Arbeiterlieder, die Liebeslieder. Die Qualität dieser Arbeit macht den Singeklub Hoyerswerda über die Grenzen der Stadt bekannt. Konzerte beim Festival des politischen Liedes in Berlin folgen, auch Auftritte im Ausland, dies- und jenseits des Eisernen Vorhangs. Irgendwann muss die erste Reihe des Klubs gehen. Das Studium ruft; so ziehen die drei Magister-Brüder nach Greifswald, Dresden und Berlin. Uli gründet an der Uni in Greifswald die Gruppe *Potemkin,* Udo landet in Berlin beim *Oktoberklub* und Jürgen arbeitet in Dresden mit Bernd Rump und Karin Wolf zusammen, bei der Songgruppe der TU Dresden und später dann beim Liedtheater *Schicht*. Gundi und Bernd Nitzsche müssen zur Armee. Bernd arbeitet danach beim Zentralrat der FDJ, kommt wieder zurück, wird Stadtrat für Kultur und organisatorischer Leiter des Singeklubs. Im Anschluss an ihr Studium verschlägt es auch Elke und Alfons Förster nach Hoywoy und in den Singeklub. Alfons profiliert sich sehr schnell zum musikalischen Leiter. Heiko Brumma von der Oberschule 14, Udo Seidel, Rainer »Wespe« Westphal und ich kommen von der Oberschule 6 dazu. Anfangs singen wir noch die alten Lieder und Doras Handschrift ist deutlich zu spüren. Aber immer häufiger werden wir benutzt für Pflichtveranstaltungen: in der ersten Reihe Parteikader, die unterhalten werden wollen, wir möglichst im Blauhemd, und lustig soll es auch noch sein. Das können und wollen wir nicht mehr bedienen. Wir suchen nach neuen Wegen. Mit zwei Ereignissen beginnen sich die Dinge in die richtige Richtung für uns zu entwickeln.

Nach dem Scheitern seiner militärischen Karriere steht Gundi eines Tages wieder vor der Tür zum Probenraum, im Gepäck jede Menge eigener Texte und Songs, den Kopf voller Ideen. Uns fällt es oft schwer, ihm schnell genug zu folgen. Aber sein »ich will euch mal was sagen …« überzeugt uns letztlich ein um das andere Mal. Und so beginnen wir, nach Geschichten über die Stadt und über die Leute, welche in ihr wohnen und arbeiten, zu suchen, sie zu erzählen. Gundis Hilfsmusiken wollen uns nicht immer so recht gefallen und Eigenkompositionen gehen uns noch nicht leicht von der Hand. Also leihen wir uns hin und wieder Musiken, die uns Spaß machen, auch den Zeitgeist treffen und finden sie bei den *Beatles, Steeleye Span, Crosby, Stills, Nash & Young*. Dank Doras Arbeit können wir diese Songs mit perfektem Satzgesang auf die Bühne bringen. Manch einer reibt sich verwundert die Augen, wenn auf einmal FIND THE COAST OF FREEDOM und OHIO mehrstimmig gesungen werden – keine Nachdichtungen, sondern mit neuen deutschen Texten von Gundi.

Wenn mein Freund …
Wenn mein Freund der Bäcker
Brot gebacken hat,
Schwingt der Schornsteinfeger
sich auf sein Dienstfahrrad.
Wenn das alte Radio
Zeitansagen bringt,
Sag ich dir »Guten Morgen«
und der Tag beginnt.

Nach der Freisprechung
He Leute, in diesem Sommer
hör ich sie zum ersten Mal.
Die Glocke, die mich herausruft,
aus Schule, Haus und Tal.

Hab die Stiefel meines Vaters an
und betrete den Kreis,
Wo ich Mann sein muß
wie mein Nebenmann,
dafür lauf ich mich heiß.

Und wenn ich auch fast ersaufe,
in Lärm in Staub und Stahl,
und mit verbrannten Fingern
für neue Weisheit zahl.

Kommt die Stunde, wo das Wasser heiß
auf die Haut uns fällt.
Wäscht den Staub ab,
wir verlassen den Kreis
und wir holn uns die Welt.

Ungefähr zu dieser Zeit erscheint ein Buch, wir verschlingen es förmlich, die Geschichten und die Sprache erscheinen uns ungeheuerlich: KRABAT ODER DIE VERWANDLUNG DER WELT von Jurij Brežan. In dem Buch geht es um Macht, Moral und Wissen. Welche Verantwortung trägt der Einzelne für den Fortgang von Geschichte, im Kampf gegen Wolf Reissenberg: »Bis einer den anderen an den Baum der Geschichte geknüpft hat, blaue Zunge zwischen den Zähnen …« Zusammen mit seinem Freund Jacob Kuschk reist Krabat durch Raum und Zeit, auf der Suche nach Glücksland, dem Ort ohne Neid, Selbstsucht und Krieg, an dem die Hypothese einer besseren, friedlichen Welt Wirklichkeit geworden ist. Im Koraktor, dem großen sorbischen Zauberbuch, sammelt Krabat all diese Menschengeschichten und -lieder.

In diesem Roman findet sich alles, was unsere Arbeit in der nächsten Zeit ausmachen wird. Aber erst einmal trennen wir uns von der Bezeichnung Singeklub und nennen uns fortan *Brigade Feuerstein*. Feuerstein ist die sorbische Bezeichnung für Braunkohle, die zuhauf unter dem Sand der Lausitz liegt, und Brigade als Hinweis auf das arbeitsteilige Prinzip, mit dem wir unsere kommenden Projekte realisieren wollen. So etwas wie Liedtheater, aber wir sind noch auf der Suche. Ein erstes Stück entsteht, GESCHICHTEN AUS DEM KORAKTOR. Es geht um Norm- und Planerfüllung in der Energieproduktion, um das Aufzeigen von Missständen. METROPOLIS schwingt mit, wenn die Förderanlagen angestellt werden und wir dazu im monotonen Rhythmus auf der Bühne rumstampfen. Im Stück wird als Dankeschön für die Übererfüllung des Planes jedesmal der große Energieschalter umgelegt und die Stadt darf sich vergnügen:

Wenn die bunten Lichter brennen und
das Riesenrad sich dreht,
kann man doch recht gut erkennen,
daß es mit uns vorwärts geht …

Aber auch:

*Wir haben den Sieg nicht gepachtet,
schließt euren Jubelmund zu.
Solange der Reissenberg schlachtet,
haben wir noch keine Ruh …*

Wichtiger wird für uns DAS GROSSE MATCH. Hier verwenden wir einen Teil der Geschichten aus KRABAT ODER DIE VERWANDLUNG DER WELT. Die Schöpfung als Ausgangspunkt der Auseinandersetzung zwischen Krabat und Wolf Reissenberg, der Kampf der Religionen, Spartacus, die Parabel vom Frosch und dem Skorpion. Alles umrahmt von einem auf der Bühne ausgetragenen Boxkampf zwischen den beiden Erzengeln Gabriel und Luzifer. Diese großartige szenische Collage trägt Gundis Handschrift. Die Musik komponiert und arrangiert Alfons. DAS GROSSE MATCH wird die von uns am häufigsten gespielte szenische Collage.

Auf einem der Festivals des politischen Liedes in Berlin treffen wir uns mit der Kölner Polit-Rock-Band und Kabarettgruppe *Floh de Cologne*. Die *Flöhe* machen alles selbst: Texte und Musik, Bühnenauf- und -abbau. Sie benutzen multimediale Bausteine während ihrer Programme und entwickeln aus den verschiedensten Einflüssen von Lied, Schlager, Rockmusik und Theater das Format der Rock-Oper. Zusätzlich engagieren sie sich sozial und politisch vor Ort. Mit ihrem für uns wichtigsten Satz: »Wenn du etwas ändern möchtest, musst du dich selbst an die Schalthebel der Macht begeben!«, fahren wir nach Hause. Das wollen wir auch, künstlerisch und gesellschaftlich.

Als Erstes führen wir eine strenge Arbeitsteilung ein. Fortan gibt es eine Abteilung Organisation und Finanzen, eine Abteilung Szene und Dramaturgie, eine für Musik und eine letzte Abteilung für technische Entwicklung und Umsetzung. Die Schalthebel der Macht besetzen wir mit Bernd als Stadtrat für Kultur und mich als seinem Stellvertreter. Bernd ist ein außergewöhnliches Organisationstalent, Bindeglied zu den Obrigkeiten und Schutzschild gegenüber dem MfS. Zwei der Mitarbeiter des Ministeriums für Staatssicherheit erhalten von uns die Spitznamen Klaus und Peter. Sie erscheinen ständig zu unseren Veranstaltungen und denen der anderen Klubs. Damit sie sich nicht immer wieder neu verstecken müssen, lädt Bernd sie einfach zu allen Terminen ein. Ich kümmere mich hauptsächlich um die Koordination der Arbeit aller Klubs in der Stadt und die Finanzierung der geplanten Veranstaltungen. Später werden Wespe und ich zwei Neubauklubs übernehmen und zusammen mit Uwe Proksch, dem jetzigen Geschäftsführer der Kulturfabrik Hoyerswerda, und Pfeffi neue Veranstaltungsreihen für die Stadt entwickeln. Heiko wird Stadtrat für Wohnungswirtschaft, Alfons und Elke unterrichten an den Schulen Musik, Peter Rauh und Udo arbeiten bei VEB Robotron, Dietmar »Dietzi« Majunke und Jörg Zimmer verwalten in Spreetal und Schwarze Pumpe die Maschinen- und Materialreserve, Werner »Wenni« Schickor schraubt mit seinen Gitarrenhänden an viel zu großen Maschinen, Conny Schickor hat eine feste Anstellung im Spreetaler Kulturhaus und Gundi im Tagebau auf seinem Bagger, wo im Rhythmus der Maschinen die nächsten neuen Songs und Geschichten entstehen. Anfang der achtziger Jahre beginnt eine spannende und äußerst produktive Zeit. Wir schaffen uns einen neuen Probenraum, der auch für öffentliche Veranstaltungen geeignet ist. Im Keller entsteht eine kleine Bar. Fertig ist ein neuer Klub – FMP heißt er. Das bedeutet nicht nur »Feuersteins Musik-Podium« oder »Feuersteins Musik-Palast«, sondern erinnert auch an das Westberliner Label »Free-Musik-Production«. Pfeffi und Michael »Spacke« Kremer, Grafiker und ein Urgestein der Hoyerswerdaer Klubszene, bemalen die Wände mit Figuren aus der Sage von Krabat, mit der Folk-Krähe und mit Karikaturen von den *Feuersteinen*. Hier können wir selbst kleine Programme ausprobieren, und hier trifft sich ab sofort alles, was Rang und Namen hat in der Folk- und Liedermacherszene, Jazzer, Autoren und Pantomimen. Sie kommen aus dem ganzen Land, und wir holen uns die Welt in unsere kleine Stadt. Nach den Konzerten quatschen wir bis weit in den Morgen mit ausreichend Cola-Wodka, KiWi, viel zu vielen Zigaretten und der Musik von Zappa, den *Beatles*, *Renft* und Manfred Krug, während die ersten Taschen bereits wieder an den Haltestellen der Schichtbusse stehen, um ihren Besitzern einen Sitzplatz für die Fahrt nach »Pumpe« zu garantieren.

Ein Transportmittel muss her. Recht schnell bekommen wir den Zuschlag für einen kleinen Bus aus dem Fuhrpark des Zentralrats der FDJ – Bernd sei Dank. Jörg und ich bemalen diesen mit den Rudimenten einer bröckelnden Mauer und im Heck grinst eine schöne rote Stones-Zunge. Dass wir damit durchs Land fahren dürfen, verstehe ich bis heute nicht.

Die Abteilung Technik bastelt mit bestem Wissen und etwas Material aus der Maschinen- und Materialreserve ihrer Betriebe eine für unsere Verhältnisse riesige Anlage, einschließlich einer programmierbaren Lichtsteuerung.

Ein Kinderstück entsteht: RASKADONIEN. Wieder alles aus eigener Produktion, Text, Musik und Szene. Über die Kindergärten und Schulen der Stadt organisieren wir uns die Besucher. Die kleinen Kinder kommen oft mit ihren Eltern. Für beide schreibt Gundi DIE GESCHICHTE VON DER KLEINEN MALWINA. Die Musiken »leihen« wir uns fast komplett von unseren Vorbildern. So gibt es genug Spaß auf beiden Seiten. Die Kleinen fiebern mit der Geschichte und die Großen freuen sich nicht nur über das Erkennen der Originalsongs. Aus MY LADY D'ARBANVILLE wird ACH SEHT NUR DIES FOTO.

Auf LADY MADONNA lässt sich sehr gut WACH AUF MALWINA singen und WEINEN nach HELPLESS – dem Tränchen-Traurig-Song – wird sehr schnell zum Hit für alle. Slapstick, Pantomime, verrückte Reime und Wortspiele machen aus der MALWINA-Geschichte ein einzigartiges Spektakel, mit dem das kleine, aber »Verdiente Volkskunstkollektiv« aus Hoywoy übers Land zieht.

Immer neue Ideen von Gundi nehmen Gestalt an. Manchmal muss es sehr schnell gehen. Letzte Änderungen kurz vor der nächsten Premiere sind keine Seltenheit, zum Leidwesen der Musiker. Mit Behelfsmusiken werden die Stücke aufführbar gemacht. Eine Kompromissbereitschaft, die uns oft schwerfällt. Für unsere Konzerte entwickeln wir eine neue Aufführungsform. Begeistert vom Agitprop der zwanziger Jahre, den unzähligen Angeboten auf den von uns besuchten Pressefesten in Italien und Frankreich, den Attraktionen von Rummel und Zirkus entsteht FEUERSTEINS SPECTACULUM – ein fast vierstündiger Abend mit Lied, Theater, Show und Tanz und jeder Menge anderer Vergnügungen.

Rummellied

Kommt und seht und dreht euch hier
auf unsern Rummelplatz.
Kommt und steht und trinkt ein Bier
und haltet euren Schwatz.

Komm und schwing im Riesenrad
dich bis ins Paradies.
Stoß dich von deiner Erde ab,
daß du sie besser siehst.

Komm und zieh bei mir ein Los,
du hast bestimmt kein Glück.
Und fällt das Glück dir nicht in den Schoß,
dann hol dir doch dein Stück.

Die *Brigade Feuerstein* beim Festival des politischen Liedes 1981, v. l. n. r.
untere Reihe: Hugo (voc, git, fl, szene), Bernd (voc, git, org, szene), Udo (bg, szene), Peter (Tontechnik)
mittlere Reihe: Dietzi (Lichttechnik), Elke (voc, szene), Conny (voc, szene), Alfons (key, voc, szene),
obere Reihe: Gundi (voc, dr, szene), Wespe (voc, szene), Heiko (e-git, voc, szene), Frank (Tontechnik)

*Komm ins Kettenkarussel,
laß dir den Kopf verdrehn.
Unten entdeckst du vielleicht ne Mamsell,
die würdest du sonst nie sehn.*

*Komm in die Gespensterbahn,
gewöhn dich an den Schreck.
Falln dich morgen Gespenster an,
dann läufst du nicht gleich weg.*

*Komm und schieß, auch wenn du keinen
Blumentopf gewinnst.
Dann fällt dir bei Bedarf auch ein,
wie du den Finger krümmst.*

*Komm zur Kindereisenbahn,
daß du den Abschied übst.
Die Kinder fahren irgendwann
und wenn du sie noch so liebst.*

*Kommt und seht und dreht euch hier
auf unsern Rummelplatz.
Kommt und steht und trinkt ein Bier
und haltet euren Schwatz.*

Die Idee des Bausteinprinzips bewährt sich. Wir können den Abend beliebig variieren. Eine Runde Theater gefolgt von Liedern, ein weiteres Stück, anschließend werden Songs von den *Beatles* oder Deutschrock á la *Theo-Schumann-Combo* zum Tanz gespielt. Es gibt einen Zeremonienmeister, der als Spielleiter durch den Abend führt. Alle tragen Kostüme und personifizieren jeweils einen bestimmten Typ. Wespe als Wachtmeister kontrolliert vor dem Abend und in den Pausen die Ausweise. Elke und Conny spielen Bargirls und schenken Wodka aus. Gundi erscheint als Schnellfotograf mit einer Pappschachtel, in der sich kleine Comiczeichnungen mit verschiedenen Gesichtern befinden, so fertigt er ein Polaroid-Foto. Ich kündige mit einem Megaphon die nächsten Programmschwerpunkte an. Das Spektakel bestreiten wir nicht allein. In anderen Räumen des jeweiligen Hauses gibt es kleine Konzerte, Filmeinspielungen, eine Bar, in der neben russischem Wodka und chinesischem Tee auch verschiedenste Cocktails angeboten werden, die Wespe jedesmal neu erfindet und kreiert.

Es sind sehr aufwendige Produktionen, die in der Regel mindestens einen Tag Bühnenaufbau und -einrichtung erfordern. Bereits am Nachmittag spielen wir Open-Air die MALWINA für die Kleinen, wechseln dann ins Haus, um den Abend für die Erwachsenen vorzubereiten. Alles wie in einem richtigen Theater: laufend kompletter Technikumbau, Herrichten des jeweilgen Saals für unser Spielvorhaben, Sound- und Lichtcheck, kurze Pause und dann schon wieder Einlass. Wir betreuen die Besucher: kleine Interviews, Spiele, Flyervergabe, Bauchladenaktionen. Erst das Vorspiel zum RUMMELLIED ruft uns jedesmal rechtzeitig auf die Bühne, die Lichter leuchten auf, Jörg, Maik »Pille« Pillokat und Dietzi ziehen die Regler hoch und das Spiel beginnt. Für die Umsetzung der unzähligen Vorhaben, für alle neuen Bausteine und Projekte bedienen wir uns bei allem, was wir kennen, nicht nur in der Musik: Gundi möchte gern einige Szenen für die KRIEGSSPIELE in Zeitlupe inszenieren. Dafür nehmen Wespe, Conny und ich an einem Lehrgang am Berliner Pantomimentheater im Prenzlauer Berg teil. Brigitte Bergese, eine Bewegungslehrerin aus West-Berlin, unterrichtet Tai-Ji-Quan. Dass das Erlernen dieser alten Kampfkunst eigentlich Jahre intensiven Trainings erfordert, ist uns erst einmal egal. Zwei Wochen müssen reichen, um sich langsam und geschmeidig über die Bühne bewegen zu können. Für den Kampf der Säbelzahntiger, einer Szene aus ELLI IM WUNDERLAND, welche wir zum Liedersommer zusammen mit dem

ZIRKUS OLYMPIA zur Aufführung bringen, nutzt Gundi Kampfszenen alter Samuraifilme. Der Laufstil der OLSENBANDE erleichtert uns die Arbeit bei der Charakterisierung unserer Rollen. Durch die Geschichte vom MUSIKALISCHEN NASHORN nach Peter Hacks führt ein Bänkelsänger. Selbstgemalte Bildtafeln dokumentieren die Geschichte, zu der live gespielt und musiziert wird. Für das 2. Schülerkonzert gibt es nicht nur Slapstick á la Buster Keaton einschließlich eines Faustkampfs auf der Bühne, sondern auch eine Reck-Kür, an deren Ende der Außenseiter Johann das Herz der schönen Helena erobert. Dazu läuft passende Stummfilmmusik und später *Emerson, Lake and Palmer*. Auf das Zwischenspiel von MAMA HAT GEBURTSTAG (nach BIRTHDAY von den *Beatles*) jonglieren wir mit Percussion-Instrumenten und der DEMOKRATIE-TANGO wird auf der Bühne gesungen und getanzt.

Der Tango von der Demokratie
Das ist so eine Sache
mit der Demokratie,
sie steht in jedem Lehrbuch
und funktioniert doch nie
so wie sie müßte laut Paragraph –
wer nur an Paragraphen glaubt,
bleibt ein dummes Schaf!

Das ist so eine Sache,
die Sache mit der Macht,
da haben wir aus uns
die Herren vorgebracht,
die müssen Bildung haben
und gute Manieren –
wir müssen nur aufpassen,
daß sie uns nicht verlieren!

Wenn sie an Tischen sitzen,
die Diener unsrer Macht,
kommt vor, daß einer über
die kleinen Sorgen lacht,
kommt vor, daß einer beim
Regieren mal vergißt –
wo die Macht mit Wurzeln
festgewachsen ist!

Das ist so eine Sache
mit der Demokratie,
sie ist ein junges Mädchen
und noch nicht aufgeblüht,
sie hat auch einen Kumpel,
der Zentralismus heißt –
doch den heiratet sie nicht,
weil der sie immer beißt!

So wie wir alle Sinne unseres Publikums ansprechen wollen, müssen wir uns die Fähigkeiten dafür hart erarbeiten. Mittlerweile proben wir zwei-, dreimal die Woche. Unseren Urlaub nutzen wir für gemeinsame Probenlager, mit Kind und Kegel. Auf engstem Raum entwickeln wir hier neue Projekte und können schnell auf relevante politische Ereignisse reagieren. Das Lehrstück POLNISCHE VARIANTEN und unser Ökothriller SPACESHUTTLE – LIEBESTRAUM IM WELTENRAUM werden hier erdacht und die Szenen für das Gesellschaftsspiel SEHFAHRT – ARBEITER MACHT ARBEITERMACHT geprobt. Das Tempo, mit dem Gundi immer wieder neue Ideen, neue Songs und Programmsplitter auf den Tisch legt, ist enorm. Irgendwann kommen wir auf den verrückten Gedanken, die Ereignisse der Pariser Kommune auf die Bühne zu bringen. Diesmal allerdings nicht als fertiges Stück, sondern als offenes Projekttheater. Das Publikum soll über den weiteren Verlauf des Abends selbst bestimmen, Entscheidungen fällen, die wir spielend auf der Bühne überprüfen. Was passiert, wenn am Punkt X der Geschichte eine andere Entscheidung getroffen worden wäre. Wenn Person Y in der Situation Z anders gewählt hätte. Ein offener Abend in allen Räumen eines Hauses, mit Barrikaden und Straßenkämpfen, Livedokumentationen, Zeitungsjungen … So ein Abend bedarf eines gut gerüsteten Spielleiters und einer ebenso gewappneten Mannschaft. Dafür tauchen wir in die Geschichte ein. In den Proben verteilen wir die Aufgaben. Die Techniker sollen sich mit dem KOMMUNISTISCHEN MANIFEST beschäftigen, andere mit der DEUTSCHEN IDEOLOGIE, der Nächste trägt alle zeitlichen Daten lückenlos zusammen, aktuelle Ereignisse werden diskutiert und in Frage gestellt – leider scheitern wir an diesem Projekt, nicht nur kräftemäßig.

Gundi verteilt Fragenkataloge. Er will wissen, wohin und mit wem die Reise in den nächsten Jahren gehen soll. Die Diskussionen darüber legen viele Fragen offen. Nicht jeder kann das Tempo mitgehen, mit dem Gundi seine Projekte verfolgt. Familien wurden gegründet und Kinder geboren, die Zeit ist knapper geworden und die Schwerpunkte haben sich verlagert. 1982 verschärft sich der Konflikt zwischen Szene und Musik, der Ton wird härter, auf beiden Seiten. Auf einmal entsteht ein nicht mehr lösbarer Konflikt. Wir verletzen uns gegenseitig und setzen das Projekt *Feuerstein* aufs Spiel, ohne dass uns dies richtig klar ist.

Gundi und Conny verlassen die *Feuersteine*; er tourt fortan solistisch oder auch zusammen mit Conny und schreibt bereits für andere Bands Songtexte und kleine Stücke. Auch *Feuerstein* macht irgendwie weiter. Alfons versucht sich erfolgreich als Autor von Kinderstücken. An die inhaltliche Tiefe vergangener Programme können wir jedoch nicht mehr anknüpfen.

1984 finden wir wieder zusammen. Für sein Projekt MÄNNER, FRAUEN UND MASCHINEN braucht Gundi eine Band. Wir erarbeiten das Programm unter dem Namen *Gundi und die Feuersteinband*. So touren wir durchs Land, spielen in ausverkauften Häusern und gewinnen bei den Frankfurter Chansontagen den Preis der Schallplatte. Diese wird im Studio des Leipziger Produzenten und Musikers Hans Kölling produziert. Unser Freund und Bassist Lexa Thomas steht uns als Co-Produzent zur Seite. Wir üben, so gut wir das als Amateure eben können. Machen die Songs kompakter und bereiten uns auf die anstehende Studioarbeit vor. Auch hier erhalten wir weitere Hilfe. Tina Tandler am Saxophon, Peter »Cäsar« Gläser an der E-Gitarre und eine Streichergruppe kommen vorbei und lassen etwas Goldstaub auf die Songs fallen. Leider bricht über dieser Arbeit der alte Streit um künstlerische Entscheidungen wieder auf. Letztlich wird auf dem Cover der Platte nicht einmal mehr der Name *Feuerstein* zu finden sein und es kommt zur endgültigen Trennung.

Für Feuersteins …
Ach und wohin sind wir nun gekommen
ach und wohin gingen wir einst los.
verbrannten uns deshalb dreitausend Sonnen
oder wurden wir nur deshalb stark und groß:
um uns heute in den Arm zu fallen
um uns heute in die Ohrn zu schrein
um uns heut die Beine wegzuschlagen
im Gesicht ein Lächeln in der Hand nen Stein.

Ach was bleibt uns noch von diesen Jahren
die wir auf der gleichen Straße warn
der Geschmack des Brots und der Gefahren
und das Gold wenn wir am Ziele waren
jetzt hat jeder seinen Schritt gefunden
jeder hat sich einen Freund gewählt
und wir drehn uns schweigend voneinander
so als ob der Nachbar plötzlich nichts mehr zählt.

Aber auf wen sollten wir sonst zählen
die wir einmal auf dem Wege sind
die wir uns heut mit Nadelstichen quälen
die uns wütend machen und nach vorne blind
und die Freunde stehn sich gegenüber
und der Feind spielt heut mal lieber Gott
und hält als Schiedsrichter die Hand vom Sieger
dann dreht er ihm den Arm und schlägt ihn tot.

Also laßt uns nun getrennt marschieren
wir teilen das Büchsenfleisch, die Munition
ein Funkgerät, daß wir uns nicht verlieren
so weiß einer des anderen Position
und ist irgendwo ein Schatz zu heben
und zu schlagen eine schwere Schlacht
ach, dann stehn wir wieder beieinander
so, wie wir's immer gemacht.

1998 »stehn wir wieder beieinander«, 20 Jahre *Feuerstein* sollen gefeiert werden. Nicht alle können, nicht alle wollen kommen. Der eine will mit der Zeit, die auch ihn geprägt hat, nichts mehr zu tun haben, der andere ist noch immer verletzt. Der Rest sitzt bei Bernd im Garten am Tisch, wie in alten Zeiten. Die Vorbereitungen laufen. Noch einmal wollen wir am Nachmittag des Jubeltages die MALWINA spielen. Wir müssen improvisieren, Rollen umbesetzen und zusehen, wie wir Elke als »Alfa Zalfa« noch einmal in die Mülltonne stopfen können. Für den Abend planen wir einen Querschnitt mit unseren wichtigsten Songs und ein paar kleine Szenen: die Schöpfungsgeschichte, Krabat und Reissenberg im Moor, etwas aus der »Seh-Fahrt«, es soll in erster Linie Spaß machen, voller Leichtigkeit, eine Rück-, aber keine Nabelschau. Wie immer haben wir für alles wenig Zeit. Maximal drei Probentage müssen reichen. Gundi »dirigiert« das Orchester *Feuerstein*. Es »spielt und tanzt«, dass es eine Freude hat. Alles funktioniert, als ob es keine Pause gegeben hätte. Sogar das Mülltonnen-Problem bekommen wir in den Griff.

»20 Jahre Feuerstein« – es wird ein rauschendes Fest. Schon am Nachmittag platzt der Saal aus allen Nähten. Vor uns sitzen die Kinder, für die wir 20 Jahre zuvor schon einmal die MALWINA gespielt haben, mit ihren Eltern und zum Teil bereits schon wieder mit ihren eigenen Kindern. Jeder Song wird lauthals mitgesungen, wir können es kaum fassen. »Tränchen Traurig« muss sich keine Träne mehr ins Gesicht malen. Sie kullern voller Freude und Glück.

Nach dem Abendprogramm mit all unseren Freunden und Weggefährten sitzen wir glückselig beisammen. Die Stadt hat uns wieder. Das Prinzip *Feuerstein* funktioniert also immer noch, vielleicht sogar besser als jemals zuvor. Gundi meint: »Es ist schön, wieder zu Hause zu sein.« Voller Euphorie schmieden wir Pläne für neue Projekte und stellen die *Feuerstein*-Ampel wieder auf Grün. Spät am Abend verlässt uns Gundi. Die Schicht ruft und ein wichtiges Konzert in Krams … wir werden uns nicht wiedersehen.

Zu guter Letzt: Ich habe das alles so aufgeschrieben, wie ich mich erinnere, manche haben bestimmt andere Erinnerungen, ganz sicher habe ich manches auch schlicht und einfach vergessen. Es bleibt eine Geschichte aus einer Zeit, in der sich eine kleine Stadt zu einer »kulturellen Hochburg« entwickelte, beschützt und behütet. Das hatte seine Gründe. Vielleicht waren es die vielen jungen lustigen Gesellen, die begannen, mit wacherem Blick durchs Leben zu wandern, auf ihrer Suche nach Glücksland. Die begannen, Verantwortung zu übernehmen, politische, ökologische und kulturelle. Die sich nicht mit dem Land arrangierten, sondern es gestalten wollten. Vielleicht haben wir aber einfach nur Glück gehabt unter unserer »Käseglocke«. Auch das hat die Stadt für uns mindestens »Vier Grad wärmer …« gemacht.

Feuerstein hat sich in Hoywoy ein Netzwerk erarbeitet. Wir konnten immer aus dem Vollen schöpfen, dank der unzähligen Helfer, Mitdenker, Weggefährten, Beschützer, Ideenentwickler, Mitstreiter, Schlosser, Elektriker, Bauarbeiter, Geliebten und Liebhaber … Die außergewöhnliche Produktivität der Band hat sicherlich auch darin ihren Grund. Durchschnittlich spielten wir 45 Konzerte im Jahr. 1981 mit 55 Konzerten und mehr als 15 000 Besuchern war dabei sicher das erfolgreichste Jahr. Es kamen, gingen und blieben insgesamt 24 Mitglieder. Sie alle waren mehr oder weniger an der Entstehung all unserer Stücke, Programme und Bausteine beteiligt.

Für die großen Kinder entstanden:
    GESCHICHTEN AUS DEM KORAKTOR
    DAS GROSSE MATCH
    KRIEGSPIELE
    POLNISCHE VARIANTEN
    LEBENSLÄUFE
    SEHFAHRT – oder: ARBEITER MACHT
        ARBEITERMACHT
    SPACESHUTTLE – LIEBESTRAUM IM
        WELTENRAUM
    DIE GESCHICHTE VOM BRAVEN SCHÜLER
        OTTOKAR
    Schülerkonzert
    Ernst-Busch-Programm
    MÄNNER FRAUEN UND MASCHINEN
    Tanzmusik 1: BEATLESRUNDE
    Tanzmusik 2: DEUTSCHROCKRUNDE
    Tanzmusik 3: INTERNATIONAL

Und für die kleinen Kinder:
    RASKADONIEN
    DIE GESCHICHTE DER KLEINEN MALWINA
    DAS MUSIKALISCHE NASHORN
        (nach Peter Hacks)
    DIE BLAUE BLUME
    HEXLEIN SCHMUTZBEIN (Liedersommer)
    ELLI IM WUNDERLAND (Liedersommer)
    SECHSE KOMMEN DURCH DIE WELT
        (Liedersommer)
    DER PRINZ MIT DEN ESELSOHREN
    DIE HEXE AUS DEM LUMPENWALD
    PRINZESSIN TAUSENDSCHÖN

Natürlich »viel Arbeit für ein Lächeln«, wie Gundi es oft betonte. All diese Programme hatten immer mit uns zu tun, der Stadt, in der wir lebten, dem Land, das uns seine Grenzen zeigte. Das Aufzeigen und Ausprobieren, das Spiel mit den Möglichkeiten und natürlich die Bühne als Ort für gesellschaftliche und künstlerische Experimente, für Gedankenspiele, das war *Brigade Feuerstein*. Nicht mehr, aber eben auch nicht weniger. Das war unser Glücksland.

Powerfabrik (auf: One Night in Bangkok)
Die Nacht bringt Nebel, Frost und Hagelschauer,
doch hier bei uns da wird es heiß, kommt rein.
Wir wissen auf die Dauer hilft nur Power,
wir stellen heute Nacht noch Leute ein
im Kraftwerk der Brigade Feuerstein.

Wenn uns einer fragt, was soll denn das?
Sagen wir ihm deutlich und ohne Spaß:
Schlimmes Theater, gefährliche Spiele,
geklaute Musik: das ist Powerfabrik.

Kommt es vor, daß einer hier weint,
hat er uns wohl verwechselt mit dem
    Klassenfeind.
Kommen Klagen über Ohrensausen,
laßt euch sagen, wir spielen links außen.

*Trotzdem ist es keine Nachhilfestunde
für die Sitzenbleiber in Staatsbürgerkunde.
Doch die Gänsehaut im Bürgergenick ist
ein Produkt der Powerfabrik.*

*Guten Abend, werte Damen und Herren
Vielleicht wär' es besser, Sie blieben uns fern.
Die folgende Show in Bild und Ton
Ist eine geplante Provokation.*

*Wir hoffen, daß Sie sich wohlfühlen,
auch wenn wir ein bißchen mit Ihnen spielen.
Wir hoffen, daß Sie den Einsatz wagen,
wir suchen Antwort auf ein paar Fragen,
und nun geht es los, es ist an der Zeit für
das Spiel mit unserer Möglichkeit.*

Der alte Bus wird auch noch Jahre später von Gundermann und seiner neuen Band während der HEIMATLIEDER-Tour genutzt.

Jörg Zimmer hinter dem Steuer, Gerhard Gundermann und Maik Pillokat beim Radwechsel

Flötentöne raus, Gitarrenschub rein

Tina Powileit und Mario Ferraro (Die Seilschaft), Sebastian Deufel (Gisbert-zu-Knyphausen-Band) und Jens Quandt (Film-Music-Supervisor / Musikproduzent) im Gespräch mit Jürgen Balitzki

Wann und wie seid ihr (direkt oder mittelbar) mit Gerhard Gundermann bekannt geworden?

Mario Mittelbar fiel er mir auf, als ich bei der Armee war – das muss 1988 gewesen sein – im Radio lief HALTE DURCH. Guck mal an, sagte ich mir, so einen Text kann man also auch singen! Nach der Wende habe ich ihn direkt getroffen, als ich mit den *Wilderern* als musikalischer Gast in einer SFB-Talkshow gespielt habe. Er saß in der Runde, wurde interviewt. Nach der Sendung kam er zu uns und sagte den typischen Satz, wie man das immer mal wieder hört unter Rockmusikern: »Wir müssen unbedingt mal was zusammen machen.« Es kam später wirklich dazu, dass er sich mit uns in Verbindung setzte. Das Kapitel war dann allerdings auch schnell wieder zu Ende. Als Gundi mit den Musikern von *Silly* die CD EINSAME SPITZE eingespielt hatte und eine Band suchte, die das Album auf die Bühne bringt, denn *Silly* konnte oder wollte nicht – Tamara Danz hatte, glaube ich, etwas dagegen – kam es zur Gründung der *Seilschaft*.

Tina Ich habe es Detlef »Delle« Kriese zu danken, dass ich Gundi kennenlernen durfte. Und zwar rief Delle mich irgendwann nach der Wende an und fragte, ob ich eine Mugge für ihn mit den *Wilderern* übernehmen könnte: »Fernsehmugge? Sieht doch viel geiler aus als ich ... so 'ne Braut am Schlagzeug!!!« Das war so der typische Spruch damals. Ich nehme an, er hatte eine andere Mugge vor, wo es möglicherweise mehr Geld gab – keine Ahnung. Aus diesem einen Fernsehauftritt wurden dann fünf oder sechs, weil mich Delle, auf der Suche nach Ersatz, immer wieder anrief. Daraus wurde dann plötzlich eine Konzertstunde mit Gundi und den *Wilderern*. Aber irgendwann stand die Trennung von dieser Band an.

Nach dem letzten Konzert fragte Gundi mich, als wir nach Hause fuhren, ob ich nicht Lust hätte, mit ihm weiter Musik zu machen. Ich müsse keine Befürchtungen haben, die Trennung sei offiziell, also nichts irgendwie hintenrum. »Ich würde dich anrufen, hast du Lust?« Ich hatte nichts dagegen.

Mario Ferraro (2. v. l.) und Jens Quandt (Mitte) mit Mika Amsterdam (l.) und Lizzy Scharnofske (r.) von der Band im Film und Michael Nass (2. v. r.) von *Die Seilschaft*

Es vergingen anderthalb Jahre, es passierte erst mal nichts, dann rief er mich tatsächlich an und fragte, ob ich noch Schlagzeug spiele. Schließlich kamen Mario und die anderen dazu, und wir hatten zwei Wochen Zeit, uns die Stücke raufzudrücken. Ich habe geackert wie ein Tier, das war harte Arbeit für mich.

Jens Gundi und ich sind uns zum ersten Mal 1980 begegnet. Wir kommen aus demselben künstlerischen Buddelkasten – der Singebewegung. Ein DDR-Begriff, der so typisch ist für die freudlose Verpackung und Benennung von Dingen im Osten. Dahinter steckte aber eine sehr heterogene, spannende Liedermacher- und Liedtheaterszene, deren künstlerisches Niveau von Anfänger bis Profi reichte.

Tamara Danz von *Silly,* Jürgen Ehle von *Pankow,* Lutz Kerschowski, Gina Pietsch, die große Brecht-Interpretin, Songpoet Hans-Eckardt Wenzel, Bettina Wegner, aber auch Texter wie Kurt Demmler oder Werner Karma sind – um nur ein paar Namen zu nennen – dieser Szene entsprungen. Für Austausch und Diskussion jenseits persönlicher Kontakte gab es jährlich zentrale Werkstattwochen. Auf der in Potsdam 1980 sind wir uns begegnet: er fünfundzwanzig, ich sechzehn.

Zur engen künstlerischen Zusammenarbeit kam es dann 1988. Ich studierte an der Berliner Humboldt-Uni Musik- und Kulturwissenschaft und spielte in verschiedenen Gruppen, die in ihrer Freizeit »Lieder machten«. Gundi hatte gerade seine erste Platte MÄNNER, FRAUEN UND MASCHINEN mit der *Brigade Feuerstein* aufgenommen, die du, Mario, im Radio gehört hast. Wegen künstlerischer Spannungen hatte er sich von denen gerade getrennt und fragte mich, ob ich mit ihm zusammen spielen wolle. Ich wollte und tat es, zunächst in Zweier-, dann auch in Bandbesetzung, folgte dann aber im Frühjahr 1990 meinem beruflichen Traum und ging als Musikredakteur und Moderator zu Jugendradio DT64. Und Gundi ging wieder auf die Suche nach einer Band und neuen Mitstreitern. Er fand die *Wilderer,* Uwe Hassbecker und Ritchie Barton von *Silly* produzierten seine zweite Scheibe, danach entstand die *Seilschaft*. Einige der Songs, die auftauchten, waren schon in unserer Zweierbesetzung entstanden, und es war interessant zu hören, wie diese Lieder sich im Lauf der Zeit veränderten, zum Beispiel GRAS. Andere Titel änderten sich wenig oder gar nicht.

Sebastian Ich kenne Gundermann seit Juli 2017. Jens rief nämlich an und fragte, ob wir die Musik für einen Film machen wollen. Ich fragte: »Worum geht's denn? Gundermann? Nie gehört!« Der »Rio Reiser des Ostens«, hieß es. Ich habe mir einen Tag Zeit genommen und alles angehört, wirklich alles. Für mich war sofort irgendwas da. Die Texte fand ich teilweise sehr groß. Ja, das war schon bemerkenswert, dass eine Musik, die zum Zeitpunkt, als ich sie hörte, zwanzig, dreißig Jahre alt war, mich so im Innern traf. Also: Ich wollte unbedingt dabei sein. Der Hintergrund ist ja die *Gisbert-zu-Knyphausen-Band*. Da gibt's ja eine Verwandtschaft, also die Liedermacher-Situation.

Wenn man sozusagen berufsmäßig dazu genötigt wird, sich mit fremdem Material zu beschäftigen, ist das eine andere Ausgangsposition, als wenn man privat, wie bei Mario, von einem Radio-Lied erfasst und begeistert wird.

Sebastian Ich muss dazu sagen, dass ich unheimlich stinkig sein kann, was Texte und Gesang angeht. Es dauert lange, bis ich da was gut finde, weil 90 Prozent nicht zu ertragen sind, was ich im Radio höre. Ich weiß genau, dass mich zwei Sachen fasziniert haben: Das war seine Stimme, die etwas ganz Persönliches, Subjektives ausstrahlt, dem ich zuhören wollte. Und dann fand ich bestimmte Bilder

Gerhard Gundermann und Tina Powileit Backstage während der *Wilderer*-Tour 1990

Seilschaft v. l. n. r.:
Mario Ferraro,
Gerhard Gundermann
und Andy Wieczorek,
Berlin 1994

von den Texten sehr gut, vor allem das Unaufdringliche. Gundermann ist einfach unaufdringlich, hat was zu sagen und macht aber nicht auf dicke Hose. Mich hat begeistert, dass die Anmutung sanft ist, mit Nachdruck und Tiefe. Und, dass er sich nicht selbst geil findet. Das hört man!

Hast du mitunter möglicherweise auch festgestellt, dass die Songs zwar spröde und authentisch sind, aber im Arrangement zu angereichert waren, zu fett oder zu süß waren, vergleichbar mit U2, wenn man im Refrain merkt, hier soll es sehr, sehr berührend zugehen.
Sebastian Ja, ganz ehrlich. Okay, nichts gegen die Musik oder Arrangements, aber unser Auftrag war ja zu gucken, ob wir eine eigene Sicht entwickeln können. Wir sind ja ein paar Jahre jünger, und wir sind auch alle aus dem Westen und niemand kannte Gundermann vorher – mit Ausnahme von Gunnar Ennen, unserm Keyboarder und Gitarristen, der alles kennt, was sich jemals vors Mikrofon gestellt hat. Der kannte natürlich auch Gundermann. Es war durchaus zu merken, dass manche Sachen ganz klar in der Ästhetik zum Zeitpunkt der Aufnahme verortet sind. Aber beim Prozess des Musikmachens haben wir innerhalb von wenigen Minuten festgestellt: Wir können nicht die Form der Stücke ändern. Text und Form müssen stehen bleiben. Wir können nur orchestrieren, Farben ändern, Sounds, Grooves, aber wir können nicht in die Struktur eingreifen. Zweimal haben wir es doch gemacht, dass wir die Takte verlängert oder gekürzt haben. Das war aber die Grenze. Das hat was mit Dramaturgie, Energie, Text, Pausenempfindung zu tun.

Die Seilschaft *selber hat mit dem Film und der musikalischen Umsetzung der Gundermann'schen Songs im Film nichts zu tun. Stattdessen wird sie, wie gerade gehört, von weststämmigen Musikern interpretiert. Da reagiert doch mancher Ostler skeptisch. Wie denkt Ihr darüber?*
Mario Für mich ist das nicht das Problem, obwohl ich mir vorstellen kann, dass es für einige Leute ein Problem ist, weil sie sich nicht repräsentiert fühlen. Die Musik ist den Neunzigern verhaftet. Und mich hätte interessiert, wenn wir das jetzt noch mal gespielt hätten, wie das dann geklungen hätte. Denn auch wir spielen ja die Lieder inzwischen anders, haben sie teilweise umgebaut …
Sebastian Generell gefragt: Als du hörtest, das machen jetzt ein paar Wessis – macht das was oder nicht?
Tina Das macht mir gar nichts, ich arbeite ja auch in anderen Projekten mit Westlern zusammen. Ich bin eher neugierig.
Sebastian Diesen Ost-West-Gedanken hatte ich zuerst auch nicht gehabt, es war keine Kategorie. Sondern die Kategorie war: Geiler Sänger! Lasst uns zusammen Musik machen!
Aber beim Zusammenarbeiten hast du uns, Jens, damit wir einfach wissen, worum's geht, Geschichten erzählt. Das waren alles Ost-Geschichten. Dann haben wir Andreas Dresen kennengelernt, der uns Geschichten erzählt hat. Und auch das waren alles Ost-Geschichten. Plötzlich wurde es immer mehr ein Thema. Wo man denkt, oh krass, das ist eine Figur, die kommt aus dem Osten, obwohl die Musik selbst nach der Wende entstanden ist. Und jetzt wurden aber wir gefragt zu diesem Thema, das für uns als Wessis gar keins war. Natürlich machen wir die Musik, so gut wir das können. Man merkt aber eine gewisse Verpflichtung, denn wenn jemand so aus der Seele singt, dann sind das Themen, die man nachvollziehen oder ernst nehmen muss. Das kann man aber nicht ohne Weiteres, wenn man aus dem Westen ist. Das heißt, man muss auch mal die Klappe halten, da kann man sich nichts anmaßen.

Tina Als wir zum ersten Mal im Westen gespielt haben, hat Gundi laut in die Runde gefragt, ob er jetzt die Ansagen und Zwischentexte anders machen soll. Nee, wieso? Du bist du, wir sind wir, warum sollte irgendwas anders gesagt werden? Wir haben also nichts verändert und sind sofort angenommen worden. In Stuttgart, wo uns keine Sau kannte, haben wir vor 25 Leuten gespielt. Beim zweiten Auftritt in Stuttgart musste der Raum gewechselt werden, weil er zu klein war. Natürlich waren inzwischen auch Ostler da, die dort mittlerweile wohnten und arbeiteten.

Mario Wobei einige Pointen nicht funktionierten und manche Leute teilweise an anderen Stellen gelacht haben.

Es ist nicht nur ein Film über Gundermann, es ist ein Musikfilm über ihn, also werden zunächst mal ein Sänger und eine Band gebraucht, die mit der Titelauswahl des Drehbuchs ins Studio gehen und den Soundtrack produzieren. Wie diese Songs im Film beziehungsweise auf der CD klingen, kann von entscheidender Bedeutung für die Wirkung dieses Films sein. Wie seid ihr vorgegangen?

Jens Die Grundüberlegung von Andreas und mir war: Wir wollen Gundi nah und gleichzeitig fern sein. Das klingt jetzt vielleicht ein bisschen seltsam, aber wir haben ja keinen Dokumentar-, sondern einen fiktionalen Film über Gundi gemacht. Das beinhaltet und erfordert natürlich auch eine eigene künstlerische Perspektive und Haltung, ebenso wie interpretatorische Spielräume. Im Kern geht es um einen Brückenschlag zwischen damals und heute, die Songs aus den Siebzigern, der *Feuerstein*-Zeit, und den Neunzigern, der *Seilschaft*-Zeit, für 2018 zu erschließen. Und es geht darum, Türen aufzustoßen, so dass Gundi im besten Fall mit seinen Texten und Liedern auch von anderen, von noch mehr Leuten, eben auch im Westen, entdeckt wird. Und in dieser Hinsicht war eine Überlegung von mir: Da braucht man Westverbündete!

Sebastian War das im Wortlaut dein Gedanke?

Jens In meiner Radiozeit bei FRITZ (Jugendwelle des rbb), waren wir ein frisch zusammengewürfelter Ost-West-Haufen. Und ich erinnere mich noch sehr gut an die höchst unterschiedlichen Reaktionen auf Musik. Wir kommen aus verschiedenen Systemen, sind kulturell unterschiedlich geprägt. Der Umgang mit Sprache und damit die Art der Kommunikation im Osten war und ist teilweise bis heute einfach eine andere. Das sollte man zur Kenntnis nehmen, nicht werten. Außerdem gab's in den Neunzigern diverse neue Styles: Grunge, HipHop, Techno. Gundis Titel hatten's damals einfach schwer. Ich hab's verstanden, wusste warum, gleichzeitig tat's mir weh. Insofern gibt's für mich die Songs betreffend so eine Art »Mission«. Im besten Fall ist sie erfolgreich. Gundi hatte, und ich finde, das merkt man noch stärker mit der Sicht von heute, die Gabe, poetisch, zeitlos, ohne dicke Hose, wie Sebastian sagt, zu berühren. Genau das macht für mich am Ende seine künstlerische Größe aus.

Wie habt ihr die Musiker gefunden, wie verlief die Studioarbeit? Kann man sich die Produktion wie eine Art Session vorstellen, die langsam zum erwünschten Resultat führte?

Jens Mein erster Gedanke war der einer Gundi-All-Star-Band: *Brigade Feuerstein, Gundermann und Freunde, Gundermann und Band,* die *Wilderer, Silly,* die *Seilschaft* – es gab ja viele Weggefährten. Es blieb bei dem Gedanken, nicht zuletzt aus logistischen Gründen.

Andreas wiederum ist ja schon lange mit Gisbert zu Knyphausen befreundet. Für mich, und ich vermute auch für Andreas, gab es immer eine interessante Nähe und gleichzeitig Andersartigkeit zwi-

Frenzy Suhr und Jens Fricke, Recording, drei Wochen vor Drehbeginn

schen Gisbert und Gundi. Gisbert selbst sagte uns Ende Juni vorigen Jahres – nach ein paar Tagen Bedenkzeit – rein aus Kräftegründen, weil er in der Veröffentlichung seines neuen Albums mit neuen Musikern steckte, ab – drei Monate vor Drehbeginn. Und ich sagte: »Dann woll'n wir deine Band!« Ich hatte mir Live-Gigs im Netz angeschaut, und es gab eine musikalische Energie in Verbindung mit Retro- und Vintage-Schick, die genau meine Vorstellungen traf. Als Test schlug ich zwei Stücke vor – LINDA als poetisches, ruhiges Lied und KEINE ZEIT MEHR als kräftiges Pendant, um das Energielevel zu checken. Beim ersten gemeinsamen Proben und Arrangieren, auf einem Kornboden in Bielefeld, entstanden so viele Ideen, dass die Band mit ihrer Art musikalisch zu denken und zu fühlen endgültig in mein Herz sauste. Anfang August, zwei Monate vor Drehbeginn, waren dann die nächsten sechs Titel dran. Wieder in Bielefeld.

Sebastian Dort haben wir erst mal ohne Alexander Scheer unterschiedliche Versionen gespielt und versucht, einen gemeinsamen Groove zu entwickeln. Bevor Jens Quandt beim ersten Termin durch die Tür kam, hatten wir alle keine Ahnung, was da auf uns zukommt. Es lagen zwar ein paar Lead-Sheets rum, wir dachten zu diesem Zeitpunkt aber noch, dass wir das ganze Ding von Null an aufbauen müssen, dass wir alles, außer dem Text, neu machen. Weil wir den Sänger noch nicht kannten, wussten wir nicht, in welcher Tonart wir spielen können und mussten die Sachen so flexibel halten, dass es später keine größeren Probleme beim Anpassen gibt. Relativ schnell wurde klar, dass wir das Wesen der Songs nicht ändern dürfen, denn ein solcher Eingriff täte Text und Musik unrecht. Wir mussten also gucken, wie wir die Struktur der Songs erhalten und mit unseren Mitteln transportieren können.

Ich erinnere mich an eine erste Mail unseres Multi-Gitarristen Jens Fricke, an die er ein Sound-File gehängt hatte. Das war krass! Ich habe den Song gar nicht wiedererkannt. Es handelte sich um eine völlig neue Idee, die mit dem ursprünglichen Song kaum noch was zu tun hatte. Aber auch beim zweiten Schritt war es nicht so, dass wir schon hundertprozentig wussten, was wir jetzt aufnehmen. Und dann gab es noch filmbezogene Fragen, zum Beispiel bei einem Refrain, der im Song nach hinten geschoben wurde. Da standen uns erst die Haare zu Berge – machen wir jetzt den Song kaputt?!

Jens Gemeint ist HIER BIN ICH GEBOREN, aus der letzten Szene. Andreas hatte zu dem Zeitpunkt natürlich schon genaue Vorstellungen, was und wie er inszenieren will, und es gab die Frage: Trägt am Schluss des Films der Song in der gesamten Länge in Verbindung mit dem, was filmisch erzählt werden soll? Wir haben dann gemeinsam mit Andreas und Alexander den Titel behutsam ein wenig eingekürzt, wie einen Single-Edit fürs Radio, diesmal halt für'n Film. An alle Gundi-Fans: Keine Angst – der Song ist nicht kaputt!

Sebastian Als wir Alexander dann Ende August bei der Probe fürs Recording kennenlernten, war ich sofort begeistert. Er sang ein paar Sachen, und ich bekam sofort Gänsehaut, obwohl ich eigentlich skeptisch war, ob das einfach so gehen kann. Die Latte hing ja hoch. Das war auch Alexanders Angst, dass man meint, er würde Gundi irgendwie nachmachen oder nur seiner Spur folgen. Den Vorgang hat er selber so beschrieben, normalerweise sei er eben Schauspieler, denke sich was aus und fülle eine Figur aus. In diesem Fall aber sei es ein Problem, weil das, was er füllen soll, schon vorhanden ist! Er könne eigentlich bloß abkacken, weil die darzustellende Figur eben eine echte Person sei, die viele kennen. Die Proben liefen überhaupt nicht wie typische Studiosessions. Uns wurde schnell klar: Hier entsteht etwas Besonderes. Und zum Schluss, mit Alexander, hat sich das tatsächlich – ich will's nicht romantisieren – wie eine Band angefühlt.

Jens Dazu gehört natürlich auch Glück, dass die Chemie so stimmt. Alexander ist in seiner Arbeit Gundi im Quadrat oder hoch drei – wie er agiert, wie er energetisch unterwegs ist und sich auch komplett überfordert. Das ist großartig! Alexander ist ja erst Ende Mai gecastet worden, das heißt, die Songs, die Texte und die Art der Gundermann'schen Phrasierung musste er sich in irre kurzer Zeit draufnageln und eine interpretatorische Haltung dazu finden. Im Studio, bei den Aufnahmen, bleibt für solche Lernprogramme keine Zeit. Alexander brannte immer an allen Enden und ist permanent über sich selbst hinausgewachsen. Letztlich gilt das für alle: Alexander, Sebastian, Jens, Gunnar, Frenzy, die gesamte Band und auch Michael Ungerer, unsern Recording-Engineer im Blackbird-Music-Studio Berlin. Der hat nie auf die Uhr geschaut und wusste sofort, wohin die Reise geht als wir ihm sagten: keine Einzelspuren mit Klick, kein steriles Recording, sondern die ganze Band zusammen im großen Studiosaal, nur Alexander beim Gesang des Übersprechens wegen separat. Wir wollen die Energie einer live rockenden Band!

Musikalisch ging's einerseits darum, die Struktur der Gundermann'schen Songs zu bewahren, sie aber dennoch mit einem zeitgenössischen Sound auszustatten, also klangtechnisch und möglicherweise auch stilistisch eine Brücke zu schlagen zwischen den siebziger beziehungsweise neunziger Jahren und heute. Wie ist das konkret passiert?

Jens   Ich würde sagen, wir haben das Folkige der *Seilschaft* etwas reduziert – kein Akkordeon, keine Tin Whistle – dafür Druck, Schub und Farbigkeit mit einer zweiten Gitarre erhöht. Flötentöne raus, Gitarrenschub rein. Und, wir haben zusätzlich ein Instrument benutzt, was in den Neunzigern durchaus existent war, aber noch nicht wieder so angesagt wie heute: das Wurlitzer-Piano. Klangliche Veränderungen also.

Sebastian   Ich würde sagen, dass wir durchaus auch von der Spielart was verändert haben. Jeder Gitarrist hat sein Lieblingsschlagmuster, jeder Schlagzeuger seine Lieblingspattern. Deshalb haben wir relativ schnell festgelegt, nicht wie die *Seilschaft* zu spielen, denn das kann die *Seilschaft* selbst besser. Es macht keinen Sinn, wenn ich probiere wie Tina Powileit zu spielen. Also habe ich, was an Energie da ist, in meine Art des Spielens übersetzt. Und wenn das jeder macht, ergibt das sofort eine Färbung. Das hat gar nicht so viel mit Sound zu tun, abgesehen von gewissen Synthesizer-Klängen, die schon deshalb für uns nicht in Frage kamen, weil solche Sachen auch nie Teil unserer Band waren. Wenn also im Ursprungssong eine Synthesizer-Fläche zu hören ist, muss deren Funktion hinterfragt und dann entschieden werden, mit welchen anderen Mitteln diese Fläche ersetzt werden kann.

Jens   Die Band hat ja zu viert das eingespielt, was original zu fünft gespielt wurde – jetzt mal ohne Gundi gerechnet. Motive und Melodien, die Andy Wieczorek bei der *Seilschaft* auf diversen

Gunnar Ennen, Recording

Blasinstrumenten spielt, wurden adaptiert. Bei WEISSTUNOCH und HIER BIN ICH GEBOREN allerdings haben wir das Saxophon bewahrt, gespielt von Andy selbst als Gast bei den Recordings. Auch ein Brückenschlag. Letztlich ging es aber ganz klar um eine eigene musikalisch-künstlerische Ebene, um eine Übersetzung ins Hier und Jetzt.

Ihr habt 18 Titel aufgenommen, innerhalb von sieben Tagen. Das klingt wie ein Parforceritt – sehr anstrengend.
Sebastian Ich sag ganz klar: Nein. Denn es klingt viel schlimmer, als es war. Von den 18 Titeln sind ja sechs Alexander solo. Also, von vornherein wusste ich, ich muss nur zwölf Titel schaffen. Das hörte sich schon viel besser an.
Jens Aber Alexander hatte das ganze Repertoire.
Sebastian Alexander hatte die eigentliche Arbeit.

Wie habt ihr die mediale Verteilung der Musik vorgenommen – was ist im Film zu erleben und was kommt auf dem Soundtrack separat heraus?
Jens Es gibt Stücke, die für den Film auf der Strecke geblieben sind, die aber den Soundtrack bunter machen werden, weil wir von manchen Songs eben auch zwei Varianten produziert haben. BRUNHILDE zum Beispiel ist im Film als Akustikgitarrennummer von Alexander zu hören. Weil Alexander aber das tiefe Bedürfnis hatte und auch die grundlegende Idee, den Song nochmal zu variieren, ist eine Bandversion mit einer anderen Gangart entstanden. Die findet man dann auf dem Soundtrack. Das betrifft auch ein, zwei weitere Songs.
GRAS ist im Film ebenfalls eine Solo-Akustiknummer, live gespielt. Gedreht wurde aber auch eine Szene, die am Ende im Film keinen Platz gefunden hat und in der Gundi während der Autofahrt eine Kassette einlegt. Da hört man eine im Studio eingespielte Bandversion. Die eignet sich natürlich auch für den Soundtrack.

Um das Thema Sound nochmal auf den Punkt zu bringen: Ist jetzt mehr Folklore raus und dafür mehr, sagen wir mal, Indie-Rock reingekommen? Heute würde man wahrscheinlich Neo-Folk sagen.
Sebastian Ich meine nicht, dass wir Folk rausgestoßen und dafür Rock reingenommen haben, sondern würde einfach sagen, dass unsere Band, die sich ja seit zehn Jahren kennt, von vornherein probiert hat, ihren Sound zu benutzen, um das zu vermitteln, was Gundermanns Musik aus unserer Sicht ausmacht. Ich tue mich schwer mit Indie oder Folk oder Punk oder Rock oder Jazz. Das ist mir relativ wurscht. Jens, du hast immer wieder erwähnt, dass Gundi ein großer Bruce-Springsteen-Fan war. Und so gab es Momente, wo wir überlegt haben, ist das jetzt eine Stelle, an der wir Gundi die Freude machen können, den Springsteen im Hintergrund zu starten, und wo wir uns dagegen entschieden haben, wenn Alexander diesen Verweis bereits im Gesang anklingen ließ.
Jens Für mich gibt es diese Springsteen- oder auch Tom-Petty-Momente durchaus parallel zu Alexander, wenn ich an die Gitarre von Gunnar bei HIER BIN ICH GEBOREN oder die von Jens bei ICH MACHE MEINEN FRIEDEN denke. Aber, das ist ja das Schöne an Musik: Jeder kann was anderes entdecken. Es bleibt dem Hörer überlassen. Die Körbe sind gefüllt.
Sebastian Es gab auch Momente, zum Beispiel am Anfang von BRIGITTA, dieses kleine, prägnante Riff von einer Westerngitarre, wo man sagt, das muss man genau so spielen …
Jens … als ikonografisches Element.

Tina und Mario, habt ihr Befürchtungen, diesen Film zu sehen? Es scheint mir eine Herausforderung zu sein, sich Musik anzuhören, die man dutzende Male selber gespielt und mitgestaltet hat, die aber plötzlich anders klingt und wo die Filmband nochmal aus anderen Musikern besteht. Was erwartet ihr von diesem Film?

Tina Gute Frage. Also ich versuche, nichts zu erwarten, ich versuche, den Film mit einer gewissen Spannung zu sehen. Das Drehbuch kennen wir ja und wissen schon ungefähr, worum es geht. Aber wie es umgesetzt wird, können wir natürlich nur ahnen. Wir kennen uns, aber niemand kennt wirklich die Zusammenarbeit mit Gundi, niemand kennt so spezielle, ganz private Momente mit ihm. Und da ist schon spannend: Wie bringen die Filmleute das jetzt rüber? Man kennt Musikfilme, wo ja auch eine Person dargestellt wird, mit ihrem gewissen Charakter und den Charakteren um diese Person herum. Das kann ja eigentlich im Gundermann-Film nicht wirklich stimmen, weil niemand mit uns, abgesehen von Interviews, konkret über Interna gesprochen hat.

Mario Ich bin auch hin- und hergerissen, denn es gab schon mal einen Dokumentarfilm (ENDE DER EISENZEIT, Richard Engel, 1999), den wir im Kino zusammen gesehen haben, und das war sehr gruselig. Also, da war man selbst zu sehen, wie man beispielsweise zu dritt am Grab steht … Und jetzt: Die Leute sehen anders aus, die Musik klingt anders. Was eins zu eins rüberkommt, wird wahrscheinlich Alexander sein. Ich war beim Dreh im Berliner Frannz-Klub dabei und sah Alexander in der Maske von Gundi – ich hatte richtig meinen Gänsehaut-Moment. Wirklich. Ich kann mir vorstellen, dass es ein bisschen gruselig ist, wenn man im Kino sitzt und sieht Gundi so extrem wahrhaftig, der es aber trotzdem nicht ist. Da bin ich sehr gespannt.

Ich nehme mal das Stichwort auf. Neulich habe ich in diesem Interviewbuch von Hans-Dieter Schütt geblättert. Gundermann wird darin mit einem eigenartigen Statement zitiert. Er konnte sich überhaupt nicht vorstellen, warum in den Autorenangaben eines Liedes zwei Namen auftauchen, nämlich Texter und Komponist. Deshalb die Frage an euch: Wie war die Zusammenarbeit mit ihm? Seid ihr sozusagen die musikalischen Vollstrecker gewesen oder habt ihr auch im Kollektiv gearbeitet?

Mario Der Plan war eigentlich, dass wir Vollstrecker für die bereits fertige Platte sein sollten. Die Songs sind da, lasst sie uns spielen. Wir bringen EINSAME SPITZE live auf die Bühne und komplettieren die Platte mit ein paar anderen Songs – hätte ja sonst für'n Konzert nicht gereicht. Und dann gucken wir mal, wie es weitergeht. Es entwickelte sich aber so, dass Micha Nass, der Keyboarder, und ich selbst Songs geplant hatten, allerdings immer ohne Text. Ist ja die alte Krux bei vielen Musikern, die alle immer tolle Ideen haben, aber letztendlich keine Texte zustande bringen. Also haben wir ihm zugeliefert. So entwickelte sich das. Es war nie so, dass er einen Text hatte und wir dazu die Musik machen sollten, sondern umgekehrt.

Tina Es kamen natürlich auch jede Menge fertiger Sachen von ihm, also Text und Musik. Am Anfang nur Gitarre und Gesang. Eines Tages kam er mit einem Vierspurrekorder an, in dem ein Drumcomputer integriert war und legte im Grundriss fertige Songs vor.

Zum Schluss haben wir weniger mit Gundi geprobt, eher unter uns zusammengesessen und Gundis Vorschläge gemeinsam angehört beziehungsweise Mario und Micha, die dann schon mit Bearbeitungen anfingen. Einmal hatten wir seiner Meinung nach in die falsche Richtung geprobt. Das passiert eben bei dieser Arbeitsweise.

Sebastian Deufel

Er hat ja im Dreischichtsystem gearbeitet, konnte nicht jeden Tag nach Berlin kommen, wohnte in Hoyerswerda, musste da arbeiten und hat sowieso nur drei bis vier Stunden schlafen können wegen der Konzerte. Und somit haben wir immer versucht, Termine zusammenzuschustern. Er hat bei uns dann übernachtet, und wir waren drei Tage mindestens zusammen, um die Songs wirklich für ihn, die er ja dann getextet hat, fertig zu machen.

Mario   Die Art, wie Gundi mit Musik umgegangen ist, war ja auch immer sehr speziell. Er hat sich ins Auto gesetzt, fuhr los, legte was ein und sang drauflos, hat sich irgendwas ausgedacht. Auf diese Weise stapelten sich Texte, die dann wieder zu ganz anderen Musiken verwendet wurden. Gundi hat kreuz und quer gehört, sich musikalisch beeinflussen lassen – wie jeder Musiker.

Wenn man von Gundermann-Hits spricht, dann gehört GRAS unbedingt zu den Top 5. Wie ist er entstanden, wie hat er sich bis heute verändert?

Jens   Die ganze GRAS-Geschichte führt zurück an den Anfang der Achtziger. Die Strophen gab es schon zur Zeit der *Feuersteine,* allerdings mit anderer Musik. Die heute bekannte Melodie der Strophen und der Refrain inklusive Text entstanden 1988 in unserer Zweier-Zeit. 1991 ist der Song dann zu Uwe Hassbecker und Ritchie Barton von *Silly* gewandert, die das heute nicht mehr wegzudenkende Intromotiv kreiert haben. Unsere Version hatte in der Strophe andere Streicher-Pizzicati und im Refrain noch eine Blaskapellen-Tuba, beides aus'm DX7.

Rock, irische Folklore, Arbeiterlied – Gundi war ja für alle möglichen Einflüsse offen, zum Beispiel auch lateinamerikanische: León Gieco, Mercedes Sosa in den Siebzigern, zur Zeit der Militärdiktatur in Argentinien. 1978 schrieb Gieco im Exil SOLO LE PIDO A DIOS, einen Protestsong, der über die Grenzen Argentiniens hinaus zur Hymne wurde. SO WIRD ES TAG, Gundis Übertragung, entstand 1988 wieder in unserer Zweierbesetzung, wurde

dann zur Bandversion im Herbst 1989 auf unserer HEIMATLIEDER-Tour und erschien schließlich als Studioproduktion 1995 auf FRÜHSTÜCK FÜR IMMER mit der Seilschaft. Jedes Lied hat seine eigene Geschichte.

Sebastian GRAS ist jetzt aber mal tatsächlich ein ganz tolles Beispiel oder genau falsch. Denn das ist der einzige Song, den wir tatsächlich von der Struktur zwar nicht geändert, aber, was Groove oder Gefühl angeht, völlig aus der Bahn geschmissen haben.

Jens Nicht völlig!

Der Latinorhythmus ist wohl das entscheidende stilistische Merkmal!

Jens Der Rhythmus an sich, der Drei-Viertel-Takt, hat sich ja nicht verändert, sondern mehr die Akzentuierung. Da hatte Sebastian die entscheidende Idee, diesen speziellen Drum-Groove anzulegen. Dazu kam die von Jens Fricke lateinamerikanisch, flamencohaft gespielte Akustikgitarre. Ein wenig *Buena Vista Social Club*. Da gibt es ja bei Gundi bekanntlich Berührungspunkte, auch speziell zu Kuba. Das ist schon irre, wenn ein Song all diese Potenziale in sich trägt.

Nehmen wir noch einen Song, bei dem ihr sozusagen werkgerecht gecovert habt.

Jens LINDA gehört zu diesen Songs, und das kann auch wirklich nur so sein. Es ist ein Beispiel dafür, wie Gundi Songs geschrieben hat. Da ist jede Menge instinktiv passiert, behaupte ich. Gundi war ja kein Musiktheoretiker …

Mario … und hatte auch keinen Masterplan.

Jens Conny Gundermann sagt immer: »Die Worte sind ihm aus dem Mund gefallen.« Und die Musik kam aus dem Herzen. LINDA ist genau dafür ein wunderbares Beispiel.
Gundi hat intuitiv dieses theoretische Gefüge erfasst, dass die Strophe im besten Fall ein wenig tiefer liegt und der Refrain zur Steigerung nach oben führt, zum sogenannten Spitzenton. Genau das passiert bei LINDA. Der Refrain »Jetzt kommen die fetten Tage, Linda« erreicht den höchsten Ton über eine einfach aufsteigende Tonleiter, wie bei ALLE MEINE ENTCHEN. Diese Kindheitsklänge stecken ganz tief in uns drin, unbewusst, und wir werden mit dem Song direkt verbunden.

Tina Es gibt ein tolles Beispiel, wie Gundi zu seinen Songs stand. Den FLIEGENDEN FISCH hatte er für *Silly* geschrieben. Das ist bei denen eine Hammer-Nummer geworden. Er aber war nicht zufrieden mit dieser Umsetzung und machte für sich seine eigene Interpretation. Die ist auch toll, für ihn allerdings die bessere.

Mario Insofern finde ich gut, dass ihr im Film Coverversionen macht, weil es wirklich albern wäre, die Songs eins zu eins nachzuspielen.

Tina Ja, dann hätten wir das selber machen können.

Mario Wir spielen die Songs auch immer noch live mit der *Seilschaft*. Und die haben sich auch bei uns verändert. Es klingt ja bei uns nicht, als würden wir zu einer Zeitreise in die Neunziger einladen.

Tina Wir haben allerdings auch Fans, von denen zu hören war: Die alten Versionen fanden wir aber schöner!

Mario Da könnte man mit Max Goldt sinngemäß sagen: Die Leute klatschen nicht, weil sie einen Song gut finden, sondern weil sie ihn kennen. Sie beklatschen ihr eigenes Gedächtnis. Nichts ist undankbarer als die eigenen Songs zu verändern. Applaus ist eigentlich nicht das Brot, sondern das Valium des Künstlers.

Kann es sein, Sebastian, dass dich irgendein Song von Gundermann zukünftig begleiten wird?

Sebastian Das kann ich auf keinen Fall sagen. Wenn ich selbst Musik komponiere, ist das immer ohne Text. Und wenn ich in Bands spiele, bin ich nur Begleitmusiker, das heißt, ich bin nicht zuständig für die Wahl der Songs. Mir fällt zu dieser Frage aber eine Anekdote ein: In der letzten Woche war ich in Potsdam, wo ich an der Musikschule Klavier und Schlagzeug unterrichte. In der Pause habe ich mich in die Sonne unter einen tollen Kirschbaum gesetzt, der gerade schön aufgeblüht war, und plötzlich fängt 'ne Gitarre an zu spielen »Immer wieder wächst das Gras«. Und ich gucke um die Ecke, und Mario sitzt da, dachte ich. Er war's aber nicht, sah ihm bloß unheimlich ähnlich. Jedenfalls stellte er sich vor, sagte, er gebe Unterricht in einer Behindertenwerkstatt, sei professioneller Gitarrist, aber seit einem halben Jahr nicht mehr aufgetreten, weil er einen Schlaganfall hatte. Die rechte Hand wäre dadurch eingeschränkt und jetzt müsse er alles wieder neu lernen. Er spielte eine Weile lang das GRAS und ich saß unterm Baum daneben.

(Das Gespräch fand im Mai 2018 statt.)

Szene

Aus dem Drehbuch zum Film von Laila Stieler

40 Innen – Kultursaal Grubenbaracke – Tag

Der Parteisekretär sitzt am Tischende und liest einen Text ab, der ihn selber langweilt.

PARTEISEKRETÄR

… wie der Genosse Werner Walde, 1. Sekretär SED-Bezirksleitung Cottbus, Kandidat des Politbüros, in seinem Bericht zur 11. Tagung des ZK betonte, gehen wir Berg- und Energiearbeiter mit optimistischen Grundpositionen in den Winterbetrieb 76 / 77 und mit dem festen Willen, den Kampf um …

Gundi ist der Einzige, der aufmerksam zuhört. Volker – ein junger Kollege – stößt ihn an, Gundi reagiert nicht. Volker stößt ihn derber, schiebt ihm einen Zettel zu und flüstert:

VOLKER

Is von mir.

Gundi sieht ihn fragend an.

VOLKER

Kennst dich doch aus. Is bestimmt Scheiße, aber manchmal muss ich einfach dichten.

Gundermann starrt konzentriert auf den Zettel. Volker beißt sich auf die Lippen, wartet auf Gundis Urteil.

PARTEISEKRETÄR

So. Tagesordnungspunkt 4: Kandidaturen. Kollege Gundermann?

GUNDERMANN

Stimmt. Is Scheiße.

VOLKER

Hab ich mir gedacht.

PARTEISEKRETÄR

Kollege Gundermann??

Gundi wird von Helga angestoßen.

GUNDERMANN

Äh … ja?

PARTEISEKRETÄR

Es geht um deine Kandidatur!

GUNDERMANN

Ah! Endlich!

Gundi springt auf, verbeugt sich wie ein Clown in die Runde und setzt sich wieder.

PARTEISEKRETÄR

Also, die Frage ist, ob wir dich aufnehmen

Bjarne Mädel, Peter Sodann und Andreas Dresen am Drehort, Herbst 2017

können. Wie siehst du das als Bürge, Helmut? Gab doch Probleme mit der Pünktlichkeit?

Helmut richtet sich auf und zieht seinen Schal fest.

> HELMUT
> Nee, nu nich mehr. Da hat er schwer an sich gearbeitet.
>
> HELGA
> Außerdem macht er 'ne Quallefizierung zum Baggerfahrer. Abendschule, Lehrgang, das ganze Programm.
>
> VOLKER
> Und Singeclub macht er auch noch.

Der Parteisekretär wendet sich unzufrieden an Gundermann.

> PARTEISEKRETÄR
> Hm. Und was war da bei der Armee? Wieso wurdest du rausgeschmissen?
>
> GUNDERMANN
> Das war in beiderseitigem Einverständnis.
>
> PARTEISEKRETÄR
> Was war los?
>
> GUNDERMANN
> Der Armeegeneral Heinz Hoffmann hat unser Objekt besucht. Da sollten wir ein Lied singen über sein Leben.
>
> PARTEISEKRETÄR
> Und das wolltest du nicht?
>
> GUNDERMANN
> Na, weil es Personenkult ist.

Helga stößt Gundermann wieder in die Seite.

> HELGA
> Der Genosse hat den Vor- und den Nachteil, dass er immer ausspricht, was er denkt.

Der Parteisekretär fasst Gundi streng ins Auge.

> PARTEISEKRETÄR
> Warum willst du in die SED, Kollege? In einfachen Worten!
>
> GUNDERMANN
> Na, weil die Ideale des Kommunismus auch meine ganz persönlichen sind. Wenn's die nicht schon geben würde, die Weltanschauung, hätt' ich ooch drauf kommen können.
>
> PARTEISEKRETÄR
> Konkreter? Was bewegt dich?
>
> GUNDERMANN
> *(überlegt, redet sich dann in Rage)*
> Na, z. B. die ungenügende Kommunikation zwischen der Leitung und uns. Also, da ist diese neue Norm eingeführt worden, 4000 Kubikmeter pro Schicht. Aber keen Mensch verrät dir, wie die festgelegt werden, die 4000. Dann kommt plötzlich 'n Ingenieur mit 'ner Tabelle, wo drinsteht, dass ich nach 'ner Stunde Umdrehung 'ne Leistung von 480 Kubik gefahren haben soll. Das ist natürlich totaler Quatsch. Denn schalt ich den Schwenker aus, dreht sich das Schaufelrad weiter, nüscht is im Eimer, aber Schaufelrad dreht sich, Stundenzähler läuft, Leistung uffm Papier läuft, Leistung hinten raus is null. Im Prinzip kann ich in der Nachtschicht die Schaufel anschalten und mich schlafen legen. Und manche machens auch so. Wir hams x-mal angesprochen und nix tut sich. Das muss sich ändern!

Der Parteisekretär starrt ihn betroffen an. Helga und Helmut verkneifen sich ein Grinsen und lehnen sich zurück.

117 Außen – Tagebaulandschaft – Tag

Ein dunkelblauer Lada fährt durch die Tagebaulandschaft.

118 Innen – Kultursaal Grubenbaracke – Tag

Ein Veteran im Anzug mit Parteiabzeichen sitzt Gundi und dem Parteisekretär im leeren Kultur-

Alexander Scheer, Peter Sodann, Bjarne Mädel

saal gegenüber. Der Alte konzentriert sich auf Gundi, der eine reumütige Haltung eingenommen hat.

VETERAN
Mir liegen der Bericht deiner Grundorganisation und deine Beschwerde dagegen vor. Du wurdest mehrheitlich aus der Partei ausgeschlossen …

GUNDERMANN
Ja, aber auf falschen Grundlagen.

VETERAN
Du hast also nicht gesagt, dass die Genossen des Politbüros eine Art Heiligenschein haben?

GUNDERMANN
Doch … Ich meinte, man muss sich auf Augenhöhe begegnen, Dinge hinterfragen dürfen.

Der Veteran schaut den Parteisekretär an. Der wirft einen ängstlichen Blick zu Gundi. Dann sagt er schnell:

PARTEISEKRETÄR
Der Genosse Gundermann lehnt die führende Rolle der Partei ab und meint, er müsse sich zu allem eine eigene Meinung bilden …

GUNDERMANN
Marx sagt, man soll an allem zweifeln.

PARTEISEKRETÄR
Das hat Marx nicht so gemeint.

GUNDERMANN
Was sagst du dazu? Das ist mir wichtig!
Du bist schon 1933 für deine Überzeugungen eingetreten.
VETERAN
Das waren andere Zeiten. *(blättert im Bericht)* Und wem hast du Prügel angedroht?
GUNDERMANN
Nur ihm. *(Geste zum Parteisekretär)*. An meiner Ausdrucksform muss ich noch arbeiten.
VETERAN
Hast du auch gesagt, die Jugend könne sich nicht mit unserem Generalsekretär identifizieren?
GUNDERMANN
(zögert)
Na, über den Betten der meisten Jugendlichen hängt nun mal eher ein Plakat von Che Guevara als von Erich Honecker.
(Der Veteran lächelt milde.)
VETERAN
Du bist jung, da sieht man vieles einseitig.
Aber glaub mir, wir haben eine Führung, um die uns ganz Europa beneidet.

Gundi sieht ihn skeptisch an.
GUNDERMANN
Hm …
VETERAN
Wie wärs mit einer Entschuldigung?

Gundi starrt ihn an. Der Alte nickt ihm zu. Gundi schluckt.
GUNDERMANN
Also, ich sehe ein, dass ich mich im Ton manchmal vergreife.
VETERAN
Hm, hm …?
GUNDERMANN
Zu den Inhalten stehe ich aber.

Er sieht den Alten unverwandt an, dessen Mund wie ein Strich geworden ist. Unvermittelt schlägt er mit der flachen Hand auf den Tisch und schreit:
VETERAN
Genug! Deine GO hatte viel Geduld mit dir.
Ich hätte dich schon längst rausgeschmissen.
Leute wie du machen den Sozialismus kaputt.

Er steht auf, streckt die Hand aus.
VETERAN
Gib mir dein Parteibuch!

Gundi starrt ihn enttäuscht an und steht ebenfalls auf.
VETERAN
Gib es mir!
GUNDERMANN
Nein! Das geb ich genauso wenig ab wie meine Gesinnung.

119 Außen – Tagebaulandschaft – Tag

Der Lada fährt wieder nach Hause.

Bjarne Mädel als Parteisekretär

Bez.-Verw. Cottbus KD Hoyerswerda 19.1.77 Streng geheim!
Diensteinheit Datum des Ausfüllens

Auskunftsbericht
(In Blockschrift oder mit Schreibmaschine ausfüllen
keine Abkürzungen verwenden)

BSiU 030262

Aufnahmejahr 19 77

Reg.-Nr. VI/1032/76

IM-Art ~~IMS~~ ~~IMV~~ JMB
Deckname "Grigori"   Datum der Werbung 29.9.76
Pseudopersonalien
(auch ehemalige)
geworben durch DE/Mitarbeiter Hoyerswerda / Stasch

Personalien
Name*) Gundermann   Vornamen*) Gerhard
Geburtsname   weitere Namen
Geburtsdatum 21.2.55 Geburtsort/Kreis/Staat Weimar Weimar DDR
Künstlernamen, Spitznamen usw.
Geschlecht männl.   religiöse Bindung ohne
Personenkennzahl 2 1 0 2 5 5 4 ▆▆▆▆   Nr. des PA ▆▆▆▆
weitere Angaben zur Person lt. Personalausweis

Größe klein Augenfarbe blau besondere Kennzeichen keine
Staatsangehörigkeit DDR   Nationalität deutsch
Familienstand   led./verh./getr. leb./gesch./verw./Ehegemeinschaft
Geburtsjahre der Kinder
soziale Herkunft/jetzige soziale Stellung Arbeiter Arbeiter
Wohnanschriften**) (Ort, Straße, Haus-Nr., Zeitraum, auch bei Nebenwohnung)

66 - 67 Hoyerswerda Steyerstr.1
67 - 68   "   P.-Göringstr.8
75 - 83   "   W.-Pieckstr. ▆
83 -   "   Florian-Geier-Str ▆

---

*) Der Klarname sowie die Vornamen sind nach erfolgter Auswertung durch das SR XII vom op. Mitarbeiter einzutragen.
Der Rufname ist zu unterstreichen.
**) Die letzte Eintragung muß identisch sein mit der gegenwärtigen Wohnanschrift. Es sind höchstens die Wohnanschriften der letzten 10 Jahre zu erfassen.

Die sieben Jahre als Genosse »Grigori«
Christiane Baumann: Akten, Einsichten und Fragen

I

Die Vorstellung, einen Menschen quasi lesen oder entschlüsseln zu können, wenn er gestorben ist und sein Leben für die Nachwelt in großen Teilen einsehbar scheint, ist natürlich vermessen. Dennoch basiert ein beträchtlicher Teil menschlichen Nachdenkens auf genau jener Anziehung, wie sie eine fremde Lebensgeschichte, ein fremdes Gesicht auszulösen vermag. Wir versuchen uns ein Bild zu machen. Tun wir das, um uns zu vergleichen, uns vielleicht zu bestätigen oder gänzlich abzugrenzen? Es muss mit der (gelegentlichen oder grundsätzlichen) Fremdheit in der Welt zu tun haben. Ein Philosoph nannte das »Unzuhause«. Menschen erleben ihre Umgebung vielleicht als Unzuhause – und sind neugierig, wie andere das machen und gemacht haben: Leben – und umgehen mit der Sehnsucht nach dem richtigen Leben.

II

Gekannt habe ich ihn persönlich nicht. Ich erinnere mich, in den achtziger Jahren vielleicht zwei, drei seiner Lieder gehört zu haben und gewusst zu haben, wer er war. Heute, dreißig Jahre später, sind einige von Gundermanns Songs eine Entdeckung für mich, so verblüffend zeitlos. Da sucht jemand – und singt davon. Andererseits ist diese Musik eine Wiederbegegnung mit Vergangenem. Ich höre ein Lamento aus der Enge.

Ob Gundermann selbst das heute auch so sehen würde, das mit der Enge? Befragen kann ihn niemand mehr, nur noch anhören.

III

Über Gerhard Gundermann wurde 1995 bekannt, dass er von 1976 bis 1983/84 als IM »Grigori« mit der Stasi, dem Ministerium für Staatssicherheit (kurz MfS), zusammengearbeitet hatte.[1]

Grigori nannte man ihn im Freundeskreis, weil er manchmal so maßlos agitatorisch auftrat wie die Kunstfigur Grigori Kossonossow aus dem JAZZ-LYRIK-PROSA-Programm von Manfred Krug.

Es ist einerseits ziemlich eigenartig, dass Gundermann sich diesen Namen, unter dem er bekannt war, für seine geheimen Kontakte wählte. Andererseits dürfte er anfangs kaum gewusst haben, auf was er sich einließ, und Grigori, das war eben er. Konnte denn eine »ehrliche Haut«, wie es der GG der Lieder ist, mit der Stasi gemeinsame Sache machen? Wenn ja, was war die gemeinsame Sache? Lässt sich das aus den zahlreichen überlieferten Stasi-Akten herauslesen?

Im Archiv der Staatssicherheit sind immerhin drei dicke Ordner zu IM »Grigori« aufbewahrt worden: Knapp 300 Seiten über seine Person und seinen Werdegang als Zuträger inoffizieller Informationen und zweimal 300 Seiten an Berichten von ihm und von Dritten, Einsatzpläne und Konzepte seiner Führungsoffiziere.[2]

IV

Auf die Frage nach der Gemeinsamkeit zwischen der Stasi und dem jungen Gundermann gibt es eine recht simple Antwort: Es ist die Partei. Beide sind der Sozialistischen Einheitspartei verbunden, wenn auch auf sehr verschiedene Weise: Die Partei hatte den Geheimdienst aufgebaut, er unterstand ihr praktisch und war ihr Instrument. Die Stasi-Leute waren also im Dienst derselben Partei, in die der 22-jährige Gerhard Gundermann im Jahr 1977 aufgenommen wurde, als er seine Ausbildung zum Baggerfahrer im Braunkohletagebau abgeschlossen hatte.

Im Tagebau hat er den zweiten Anlauf genommen, Mitglied der SED zu werden. Der erste Versuch endete mit seiner Zeit an der Offiziershochschule in Löbau. Als er dort nach anderthalb Jahren – der Zeit des Grundwehrdienstes – beantragte zu gehen, war damit auch seine Zeit als Kandidat der SED vorerst beendet. (Aufgenommen wurde man ja erst nach einer Bewährungsfrist als Kandidat.) Der ehemalige Offiziersschüler ging als Hilfsarbeiter in den Tagebau.

Wollte er für länger Baggerfahrer sein – oder mit seinem Abitur noch anderes anfangen? Das ist nicht klar auszumachen. Man kann in den Stasi-Berichten Dritter lesen, Gerhard Gundermann habe anfangs etwa Philosophie oder Journalistik studieren wollen. Im Laufe der Zeit ist das vielleicht keine Frage oder Option mehr gewesen, weil er sich dann mit ganzer Kraft auf die Musik und den *Singeklub Hoyerswerda* konzentriert hatte.

Dieser Singeklub hatte besondere Auftritte auf Pressefesten westeuropäischer Kommunisten. Zu solchen Auftritten im Westen (Frankreich, Italien, West-Berlin) durfte der gerade von der Armee gekommene Gundermann zunächst nicht mit. Das würde sich aber nach Ablauf einer gewissen Sperrfrist ändern. So dachte und erhoffte sich Gundermann das wahrscheinlich – und in dieser Situation traten die Genossen des MfS an ihn heran.

V

Wie man auf ihn gekommen war, ist der umfangreichen Stasi-Akte nicht ganz klar zu entnehmen.

Zwei Stasi-Zuträger hatten zuvor schon einen Gerhard Gundermann namentlich erwähnt und das Gerücht, dass da wohl etwas »vorgefallen« sein müsse in seiner Armeezeit. Die Stasi zieht bei ihren Quellen in der NVA Erkundungen ein und erfährt, dass GG Befehle verweigert habe.

Jedenfalls wurde er unter einer Legende zur Polizei bestellt, wo sich dann Stasi-Leute vorstellten, die mit ihm über seine mögliche Perspektive als Reisekader sprechen wollten. Das wird Gundermann vermutlich nicht gestört haben. Klar wollte er wie die anderen mitfahren nach Italien, Frankreich oder wohin sonst der *Singeklub* eingeladen oder delegiert wurde, um bei kleineren und größeren westlichen Schwesterparteien der SED für die sozialistische Revolution zu singen.

Als Probe wurde dem potenziellen Informanten zunächst ein ausführlicher Bericht über seine Mitstreiter aus dem *Singeklub* und ihr Verhalten im Westen abverlangt. Als Daheimgebliebener konnte er hier nur berichten, was er vom Hörensagen wusste. Dies notierte er jedoch recht akribisch.

Beim zweiten Treffen wurde er zur inoffiziellen Mitarbeit verpflichtet und wählte sich als Decknamen seinen Spitznamen: Grigori. Ab jetzt war Gundermann in der Struktur der Staatssicherheit ein IM. Das Kürzel stand dort für Inoffizieller Mitarbeiter.

Nach den Normen des Staates DDR war es nicht verwerflich, wachsam all jene zu beäugen, denen man gestattete, ins westliche Ausland zu reisen. Und weil es so ein Privileg war, (anders als der Normalbürger) noch *vor* dem Rentenalter ein Stück von der Welt zu sehen, taten manche für dieses Privileg auch Dinge, die ihnen eigentlich nicht gefielen: zum Beispiel Berichte zu schreiben über Kollegen und Reisegefährten, wie die sich so benommen hatten außerhalb der Staatsgrenzen.

Peinlich in den Augen all jener, die sich so nicht (oder nicht mehr) behandeln lassen müssen. Beschämend später auch für GG selbst.

Er hat auf Anfrage recht überheblich die persönlichen Verhältnisse einiger *Singeklub*-Mitglieder beschrieben, hat sie politisch eingeschätzt, ihr intellektuelles Potenzial beurteilt. Da war er selbst gerade mal 22 Jahre alt und dachte wohl, das Richtige zu tun, weil es ja um den Sozialismus ging, der geschützt werden sollte.

War Gundermann damals also der Verräter vom *Singeklub* und der späteren *Brigade Feuerstein*?

Den Eindruck könnte man gewinnen, wenn man nur auf ihn schaut. Es gab allerdings unter den 24 Mitgliedern von *Feuerstein* noch mindestens zwei weitere IM.[3] Insofern werden hier die Schwarz-Weiß-Vorstellungen von Gut und Böse eingeholt durch den DDR-Alltag. Gerade im Kulturbereich und unter Reisekadern war die Staatssicherheit zahlreich vertreten. Ist dementsprechend das Berichten über Freunde und Kollegen als weniger problematisch anzusehen, weil es viele taten?

Die unausgesprochene Logik eines abgeschotteten Landes eben? Oder hat das alles mit der idealistischen Auffassung des GG vom Genosse-Sein zu tun? Verfing bei ihm der Parteiauftrag zur Wachsamkeit? Wie ging das mit dem eigenen Schreiben und Singen zusammen? Und wer bewachte am Ende eigentlich wen – zum Beispiel in der Beratergruppe Singebewegung beim Zentralrat der FDJ? Unter den 18 Mitgliedern, zu denen auch Gundermann zählte, sind Anfang der achtziger Jahre außer ihm selbst noch mindestens acht weitere IM der Stasi vertreten! Jedes zweite Mitglied dieses Gremiums (aus Künstlern, Funktionären und Journalisten) müsste, MfS-Notizen nach zu urteilen, also in inoffiziellem Kontakt mit dem Geheimdienst gewesen sein.[4] Wieviel an Energie und Kreativität hier wohl verschwendet und blockiert worden ist?!

VI

Um auf »Grigori« in seinen ersten IM-Jahren zurückzukommen, da beißt die Maus wohl keinen Faden ab: Etliches in den Akten, was direkt von ihm stammt, ist eindeutig nicht sympathisch. Er berichtete über Freunde. Er ließ sich auf die Kundschafter-Karriere ein, mit dem Auftrag, in Ungarn einen westdeutschen Schleuser zu kontaktieren und nach Ost-Berlin zu locken. Er verpetzte jemanden, der Biermann-Texte besaß. Er gab Briefe, die er von zwei jungen Männern bekam, an die Stasi weiter.

Ein Teil von ihm muss offenbar »bei der Sache« gewesen sein. Ein anderer Teil aber entzog sich der allseitigen Kontrolle.

VII

Gundermann hat sich nach mehreren Jahren wegbewegt von der Stasi. Das passierte in Etappen und hat sehr viel mit seinen Schwierigkeiten innerhalb der SED zu tun, mit seiner Eigenschaft, sich den Mund nicht verbieten zu lassen und seine Meinung allerorten deutlich zu machen.

Nach knapp zwei Jahren in der SED drohte ihm 1979 zum ersten Mal der Parteiausschluss. Dazu kam es, von außen betrachtet, weil seine Arbeitskollegen GG in die SED-Parteileitung seines Betriebes wählen wollten. Kurz gesagt, reagierte die SED-Leitung des Tagebaus Spreetal recht rabiat. Man lehnte diesen Vorschlag ab und schlug im Gegenzug vor, GG aus der SED auszuschließen wegen »parteischädigenden Verhaltens«. Gundermann hatte hauptamtliche FDJ-Funktionäre der Unfähigkeit bezichtigt und im Zorn auch als »Kriminelle« tituliert, die schwer erarbeitetes Geld sinnlos ausgäben.

Damals lagen die Nerven der SED durch die Affären um Biermann, Bahro und etliche ausreisewillige Künstler und Autoren recht blank. Gundermann – selbst kein Biermann-Verehrer – wird in SED-Papieren mit dem ausgebürgerten Liedermacher verglichen und ihm gleichgesetzt als vermeintlich feindseliger Kritiker.

Der Baggerfahrer Gundermann jedoch wähnt sich an der Basis verwurzelt und ist einigermaßen schockiert von diesem Gang der Dinge.

Hilfreich agiert in jener Zeit der Führungsoffizier von der Stasi, Genosse S., der sich vorlegen lässt, was GG als Stellungnahme an die Parteikontrollkommission geschrieben hat, und dann Hinweise gibt, wie das Papier zu ändern wäre.

Das war offenbar andernorts so abgesprochen. Jedenfalls ist der Parteiausschluss hinterher vom Tisch.

Aber als die Arbeiterfestspiele 1979 stattfinden, ist der Arbeiter-Sänger Gundermann nicht dabei. Er hat andere Verpflichtungen: Man hat ihn praktischerweise zum Reservistenlehrgang der Nationalen Volksarmee eingezogen. (Und wird es später noch zwei Mal tun.)

VIII

Ein Land wie eine Kleinstadt. So eng, dass sich schlecht Distanz halten ließ. Die Leute wussten viel voneinander und waren nicht diskret. Die Logik dahinter entsprang sozusagen einer Moral des Kollektiven: Abstand halten? Wozu? Wenn man nichts zu verbergen hatte.

Liest man die Akte zu GG, die über ihn, bevor die Stasi ihn warb, und die Berichte von ihm, so merkt man, wie er allmählich aus dieser Distanzlosigkeit ausschert – und Distanz gewinnt. Insofern gerät er dann »außer Kontrolle« und wird unbrauchbar für die Arbeit im Geheimen.

Gundermann ist jemand, der sich aus der Miefigkeit des Vulgär-Marxismus herausgekämpft hat. Mit eigenem Denken, mit eigenen Texten – trotz seines Idealismus oder gerade deswegen. Er sage sehr offen seine Meinung, berichten immer wieder andere über ihn. Das Offene passte nicht hinein, in das kleine Land. Und das Denken war auch nicht sehr geschätzt.

Aus seinen Liedern spricht ein sensibler Mensch – nicht nur ein kluger Kopf. Da ist enorm viel Kraft, auch Trotz und zunehmend auch Wut darüber, die Normen der alten Männer befolgen zu sollen.

Als singender Baggerfahrer war er bekannt geworden, wollte es dann aber nicht mehr bedienen, das Klischee. Auf jeden Fall war er einer jener klugen Arbeiter, von denen die SED so gern sprach, die sie in natura aber so gar nicht aushielt.

IX

Ist Gundermann, als er mit der Stasi in Kontakt war, weniger glaubhaft gewesen? Automatisch neigt man zu dieser Annahme, vergisst dabei aber leicht: Niemand fällt mit der Fähigkeit »in der Wahrheit zu leben« vom Himmel.

Hier ist einer von der geheimen Kundschafterei, die er anfangs als ein Abenteuer gesehen haben dürfte, losgekommen. Auch, weil er nicht geeignet war. Für die Aufgabe, einen »Menschenhändler« von Ungarn in die DDR zu locken, erwies er sich als nicht kaltschnäuzig genug. Für seine Berichte aus dem Arbeitsalltag interessierte sich die Stasi nicht. Dass sich die Genossen beim »sozialistischen Wettbewerb« im Tagebau selbst auf verschiedene Weise in die Tasche logen, nahm keiner so genau. Nur dieser »Grigori« Gundermann.

Letztlich hatte er es sich – aus eigener Kraft und eigenem Anspruch – mit der Leit-Institution des Landes verdorben, er wurde 1984 aus der SED ausgeschlossen. Anlass war eine kritische Äußerung gegenüber dem SED-Fürsten im Bezirk Cottbus, Werner Walde. Genosse Walde, seines Zeichens auch Kandidat des Politbüros, war bei einer SED-Wahlveranstaltung in Gundermanns Tagebau anwesend, als GG es wagte, ein kritisches Wort in seine Richtung zu sagen. (Die Vorbereitungen, die für den Besuch von Walde im Betrieb getroffen wurden, grenzten an Personenkult, soll GG geäußert haben.) Das war nun eine Art Majestätsbeleidigung. Der Zorn des Genossen Walde hat dann vermutlich alles Weitere geregelt. Gundermann war ab diesem Zeitpunkt als Genosse nicht mehr tragbar und wurde unter anderem mit dem Vorwurf, er sei »ideologisch aufgeweicht« ausgeschlossen.

Genosse und Inoffizieller Mitarbeiter ist Gundermann fast gleichzeitig gewesen: gut sieben Jahre lang. Beide Zugehörigkeiten hingen in seinem Fall sehr eng zusammen – und sie endeten zusammen. Die Stasi schloss sich dem Urteil der SED sehr schnell an und beendete ihrerseits nun ganz formal die Zusammenarbeit, die zwei Jahre zuvor schon durch häufiges Nichterscheinen von »Grigori« fast eingeschlafen war. Damals prognostiziert der zuständige MfS-Offizier sinngemäß, G. könne zum Feind werden, den es ab jetzt zu beobachten gelte.

Einige seiner stärksten Lieder sind am Ende der achtziger Jahre entstanden, als er selbst schon zum Objekt der Stasi-Beobachtung geworden war. Regelmäßig wurden sogenannte Parteiinformationen (PI) an die Bezirksleitung der SED in Cottbus geschickt, die Gundermanns Aktivitäten und die gegen ihn ergriffenen Maßnahmen beschrieben. Im Jahre 1984 wurde ihm in Jena ein Auftritt verboten, für das gleiche Programm erhielt er später eine Auszeichnung. Bei den Arbeiterfestspielen 1984 sollte sein Auftreten verhindert werden. Er trennte sich von *Feuerstein* und kam Ende 1985 zurück. Aus seinem Parteiausschluss habe er nicht die richtigen Lehren gezogen, hinterbrachte die Stasi der Cottbusser SED-Spitze.

GG gab nicht klein bei, sondern beharrte darauf, gehört zu werden. 1984 hatte er seinerseits einen langen Brief an Horst Dohlus und die Zentrale Parteikontrollkommission (ZPKK) geschickt, der sich heute erschreckend realitätsnah liest. Ein paar Jahre später meldet Gundermann sich wieder bei der ZPKK, um endlich Recht zu bekommen. Seine einstigen Stalinismus-Vorwürfe und die Kritik am Personenkult waren in Moskau nunmehr täglich in der Zeitung zu lesen. Nicht nur der Adressat Horst Dohlus, sondern die gesamte SED-Führungsriege dürfte mit Gundermanns freimütigem Kommunikationsstil überfordert gewesen sein.

Dass dieser Ex-Genosse nicht zum Zyniker wurde und hier immer noch eine Richtigstellung erwartete, verwundert von heute aus. Es macht andererseits die Starre sehr anschaulich, die das Land befallen hatte. Änderungen waren fast nicht vorstellbar und Fehler wurden prinzipiell nicht eingestanden.

Es ist dann wohl überfällig gewesen, dass der HOYWOY-Song Unmut auslöste oder einen willkommenen Anlass bot. Eine führende Genossin aus dem Gaswerk Schwarze Pumpe hatte den Text durch ihren Sohn in die Hände bekommen und meldete diese angebliche Herabwürdigung weiter an die Sicherheitsorgane. Gundermann wurde dann auf dem offiziellen Wege zum Fall für die Stasi.

Im April 1989 wurde die Operative Personenkontrolle (OPK) mit dem Decknamen »Sänger« gegen ihn eröffnet, was heißt, dass er nun vom MfS intensiv überwacht und überprüft wurde.

Die eigentliche Akte ist vermutlich im Frühjahr 1990 beim großen Schreddern verschwunden. Einzelteile sind jedoch aufzufinden gewesen. Zum Beispiel ein Tonbandmitschnitt vom Oktober 1989. Gundermann spielte mit einem Begleiter in der Akademie der Künste sein Programm ERINNERUNG AN DIE ZUKUNFT.[5] Die verrauschte Aufnahme lässt nicht alle Feinheiten von Gesang und Zwischentexten erkennen. Aber Riesenbeifall ist zu hören für Textzeilen wie »Und ich habe keine Zeit mehr […] Spalier zu stehen« – oder auch für die Zugabe DER DUMME AUGUST LIEST DIE ZEITUNG.

Ein Stasi-Profi sprach nach dem Konzert seine Eindrücke auf dieses Band. Welche Prominenten anwesend waren, dass es Szenenapplaus gab. Dass sich niemand in die Liste des Neuen Forum eingetragen hatte, die in der Akademie ausgehängt war.

In den Jugendklubs von Hoyerswerda, wo Gundermann über die Jahre immer präsent blieb, wurde im Oktober 1989 auch noch fleißig mitgehört. In einer öffentlichen Diskussion kritisierte er gegenüber SED-Funktionären das Auftrittsverbot, das man den Liedermachern Wenzel und Mensching dort noch am 7. Oktober erteilt hatte.

X

Was für Gerhard Gundermann fast ein Jahrzehnt lang erledigt war, ist für die Öffentlichkeit, die erst nach 1992 realisierte, was Stasi in Aktenform bedeutete, nicht so gewesen. Auf Ahnungslosigkeit folgte Empörung.

Die Wendezeit war eine Zeit schier endloser Enthüllungen und Skandale. Mit Skandalen ließ sich Aufmerksamkeit (und inzwischen auch Auflage) erzielen: Was, der war auch dabei? Die Zeit, sich Lebensgeschichten oder längere Erklärungen anzuhören oder zu senden, nahm sich fast niemand in den Neunzigern.

Gundermann hatte da Glück. Er war respektiert. Journalisten wollten ihm eine Chance geben, sich selbst und seine Geschichte zu erklären. Auch wenn sich mit dem Universum der Geheimdienstakten damals noch fast niemand wirklich auskannte.

GG hat dann öffentlich in einem Zeitungsinterview und auch vor seinem Publikum von seiner Scham gesprochen – und er hat weitergesungen. Den Liedern merkt man an, dass er es ernst meinte.

Anmerkungen

1   Berliner Zeitung, 28. April 1995, Alexander Osang: Wie der Musiker Gerhard Gundermann vom inoffiziellen Mitarbeiter zum Kontrollvorgang der Staatssicherheit wurde.
2   BStU, MfS, BV Cottbus, AIM 734/84. Die Akte ist verfilmt archiviert worden.
3   Einer gab sich übrigens den Decknamen »Renft«.
4   MfS, HA XX, Nr. 5709. Gundermanns Führungsoffizier hat sich einen Überblick verschafft und zum Teil die Telefonnummern der anderen Führungsoffiziere handschriftlich notiert.
5   BStU, MfS HA XX/Tb/223.

HOYWOY

Refrain:

Hoywoy, Dir sind wir treu, Du blasse Blume auf Sand
Heiß, laut, staubig und verbaut, die schönste Stadt
hier im Land.

1. Deine grauen Frauen werden schön, wenn ihre Männer
   abends auf Nachtschicht gehn. Wenn sich die Kumpels
   in die Kohle stürzen, tanzen sie auf dem Ball der
   einsamen Herzen. Eine steigt aus ihrem Kleid, bis
   uns morgens der Wecker schreit, dann schwebt sie
   ab in ihren Bau, und vorher macht sie noch den
   Himmel blau über
   Hoywoy ...

2. Deine grauen Kinder werden groß, werden grüne oder
   blau oder gar rot. Eines mußte ins gelbe Elend ein-
   ziehn, ein andres sitzt ganz oben im goldenen Berlin.
   Hamse uns überall rausgeschmissen, ham wirs mit der
   ganzen Welt verschissen, finden wir Schutz in Deinem
   Beton und trainieren für die Revolution in
   Hoywoy ...

3. Deine grauen Häuser werden nicht bunt, wir reiben
   uns nur Häute und Pinsel wund. Deshalb gucken wir
   nicht mehr auf die Wände, sondern Leuten auf Ge-
   sichter und Hände. Deshalb, daß wir Augen haben,
   die sich nicht ablenken lassen von Fassaden, deshalb können wir nicht voll Andacht stehn, nein,
   wir müssen immer dahinter sehn, wir in
   Hoywoy ...

Kopie des HOYWOY-Textes aus MfS-Akten

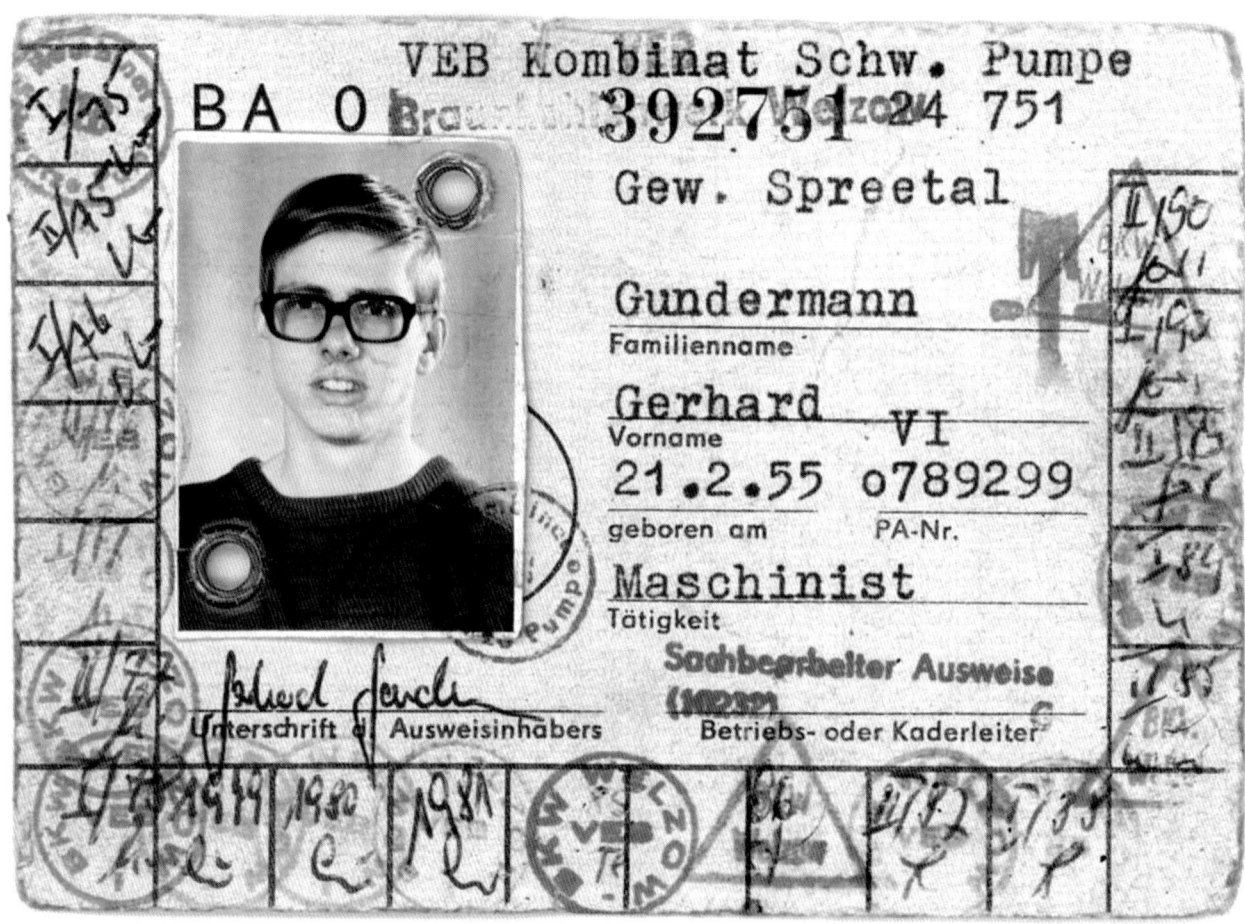

Gundermann und seine Partei
Andreas Leusink: Ein Zwischenruf

Wir wissen, dass die Mehrheit des deutschen Volkes nicht wesentlich zum Ende des Faschismus beitrug. Aber die DDR bot ihrem Volk eine Chance, nämlich sich mit den Befreiern zu identifizieren. Die Rote Armee sorgte dafür, dass ein Teil der deutschen Antifaschisten eine Republik gründen durfte. Daraus lässt sich schließen, dass die ökonomischen und gesellschaftlichen Verhältnisse in der DDR nicht von der Arbeiterklasse, sondern für sie umgewälzt wurden. Und wir können nachlesen, dass jene, welche in die Regierung versetzt wurden, die Regierten betrachteten wie Lehrer ihre Schüler. Gelehrt wurde mit missionarischem Eifer, heiligem Ernst und glühendem Idealismus, jedenfalls am Anfang. Da sollte eine neue Gemeinschaft gegründet werden. Nur mit wem? Die aus Zuchthäusern, Konzentrationslagern und Emigration in die deutschen Städte zurückgekehrt waren, sahen sich umgeben von Menschen, von denen sie nicht wussten, was diese nur wenige Jahre zuvor getan hatten. Und selbst jene, welche in die Sowjetunion emigriert waren, wußten oft nicht, wie sich dort die eigenen Genossen verhalten hatten. Auch deshalb entstand eine paradoxe Grundkonstellation: Anderswo vertraute oder misstraute ein Volk seiner Regierung; in der DDR vertraute oder misstraute die Regierung dem Volk. Das war das Grundmuster der DDR.

In Deutschland gab es im Unterschied zu Italien, Spanien, Griechenland oder Frankreich keine breite antifaschistische Kultur. Dennoch bemühte man sich, eine solche herzustellen. Wieder und wieder sangen die Alten die Lieder der Arbeiterbewegung. Um sich zu vergewissern einerseits, aber auch um sich ihrer Jugend und Ideale zu erinnern. Später wurden diese Lieder von den Nachgeborenen reproduziert und gleichzeitig neu arrangiert, gar als militärische Marschmusik, die den anderen Soldatenliedern dann doch erstaunlich nahe kam.

Nicht beim *Singeklub Hoyerswerda*. Mehrstimmig sangen sie von der alten Welt. Und die Zuhörer waren oft beeindruckt, weil es schien, dass diese Leute es ernst meinten. Jedenfalls Gundermann meinte es heilig ernst, er nahm die sozialistische Bewegung und deren Funktionäre tatsächlich beim

Betriebsausweis 1975

Wort. Er studierte die Texte von Karl Marx, um die Welt in ihren tiefen Zusammenhängen zu verstehen. Gundermann setzte die Ideale der kommunistischen Bewegung gegen die politische und moralische Verlogenheit, auch von Funktionären der SED. Deren Perversion war ihm zuwider. Das war eines seiner Motive, sich mit der Stasi zu verbünden. Was für ein Irrtum, wenngleich ein weit verbreiteter. Wie viele Gläubige war Gundermann ganz sicher: Er stand auf der Seite der Guten.

Seine Ideale wurden nicht gebrochen, er hielt an ihnen trotz seiner jahrelangen Auseinandersetzungen mit SED-Funktionären fest. Als er im Frühjahr 1984 wegen »Verlassen von Partei- und Klassenpositionen« aus der SED ausgeschlossen wurde, fühlte er sich nach wie vor als Kommunist. Um ihn herum trugen Massen von jungen Menschen ihr FDJ-Hemd, weil es ihnen geboten schien. Sie lernten die marxistisch-leninistische Theorie wie eine mathematische Formel. Von denen unterschied sich Gundermann, zu ihnen wollte er nicht gehören, aber er musste mit ihnen zusammenleben und -arbeiten. Dieses Gefühl, einer Minderheit zugehörig zu sein, teilte Gundermann mit den alten Antifaschisten, die in Lagern und Gefängnissen eingesperrt waren oder in andere Länder fliehen mussten, und in der DDR, trotz gegenteiligem öffentlichen Bekenntnis, umgeben waren von Fremden. Ich behaupte, jene Alten und Gundermann fühlten ähnlich, gemeinsam waren sie getrieben von der Sehnsucht nach den klaren Fronten. Ein Kampf aus dem Graben heraus. Wie im Februar 1937 am Rio Jarama.

Wenn meine Brüder und ich abends rechtzeitig im Bett waren, durften wir eine Schallplatte hören. Oft waren es die Lieder von Ernst Busch: BEI GUADALAJARA IM MONAT MÄRZ und WIR IM FERNEN VATERLAND GEBOREN. Unsere Mutter spielte uns diese Lieder oft vor, wohl damit wir nicht vergaßen, woher sie kam: 1938 als Kind jüdischer Emigranten in Paris geboren, verlor sie früh ihre Mutter, hatte eine grausame Kindheit und wurde mit zehn Jahren endlich von ihrem Vater nach Ost-Berlin geholt.

Die besseren Lieder der sozialistischen Bewegung begleiteten also unsere Träume. Am Tage ritten wir Kinder dann auf den Polstern unserer Betten wie auf Pferden. Aus der Werkzeugkammer hatten wir die Rote Fahne geholt. Auf ging es mit Tschapajew gegen die Weißen. Im Tal um den Rio Jarama gegen die spanischen Faschisten. Wenn ich will, klingt es mir im Ohr: Genossen im Graben singt alle mit …

Später, im Herbst 1977, lernte ich das Lied von den Sternen an Spaniens Himmel neu kennen, und zwar im militärischen Gleichschritt in der Landschaft von Eggesin, einem kleinen Dorf im Nordosten der Republik, an dessen Rande sieben riesige Kasernen lagen. Dass diese alten Lieder aus dem spanischen Bürgerkrieg der dreißiger Jahre von deutschen Soldaten der Nationalen Volksarmee gebrüllt wurden, habe ich nicht vergessen.

Als Gundermann kurz vor dem Ende der DDR Lieder von Ernst Busch sang, rührte mich das dennoch sehr, weil es mich an andere Zeiten erinnerte. Ich glaubte ihm seine engagierte Haltung. Diese Lieder waren zwar in den achtziger Jahren hin und wieder noch zu hören, aber welche Kinder sangen sie noch zu Hause? Niemand ritt mehr mit Tschapajew.

Wie BELLA CIAO und BANDIERRA ROSSA gehörte auch MAMMITA MIA nun zu den Liedern von einst. In einer solchen Situation, da sich immer weniger Menschen an den Gesängen der Brigada Internacional aufrichteten, war Gundermann ein Übriggebliebener.

VEB BKW Welzow Spreetal, den 30.03.1984
Tagebau Spreetal Nordost
SED Grundorganisation

Notizen über Äußerungen und Standpunkte des Gen. Gundermann
in der Brigadeversammlung "Roter Stern" am 17. Januar 1984

Die GO Leitung beschloß im November 1983 die Teilnahme des GO
Sekretärs, Tagebauleiter und BGL Vorsitzenden an den Brigadeversammlungen der Gewerkschaft im TSNO.
Der Grund hierzu war die unzureichende politisch-ideologische
Situation durch die verspätete Aufnahme der Rohkohleförderung im
TSNO und der damit verbundenen Anlaufschwierigkeiten.
Im Januar 1984 nahmen wir an der Brigadeversammlung "Roter Stern"
teil. In dieser Versammlung zeigten sich die gleichen Kritikpunkte
wie in der vorher besuchten Versammlung.
Sie bestanden im wesentlichen in:
- der fehlenden fachlichen Erfahrung der Belegschaft in der Bedienung der neuen Anlagen;
- der Vielzahl an Provisorien bei der Inbetriebnahme der neuen
  Anlage mangels Schlosserkapazität, die den Aufwand und Anforderungen zur Einhaltung der Produktionssicherheit stark erhöhte;
- der Verschlechterung sozialer Probleme, der Unterbringung in Kauen
  und unzuverlässigen Funktionieren der Assiettenversorgung. Es
  war keine Bereitschaft der Belegschaft vorhanden, die Umstellung
  von warmen Küchenessen auf Assiettenessen zu vollziehen.
- die Organisation der Schichtablösung war und ist noch nicht optimal
  gestaltet und führt zu ungerechtfertigten verlängerten Ablösezeiten
  und somit zu einer Verkürzung der Wasch- und Umkleidezeiten der
  Werktätigen, um die Anschlüsse an den Berufsverkehr zu erreichen.
- der unbedingten Realisierung des Leistungsbeitrages des TSNO von
  über $20 \cdot 10^3$ t Tagesleistung zur Gewährleistung der Versorgungssicherheit im Winter wegen der außerordentlichen schlechten Förderbedingungen im GTWS durch die Havarie am Großgerätesystem 6300.

Insgesamt mußte gewertet werden, daß die Leitung als auch die Werktätigen diese Aufgabenstellung erfüllten, jedoch erhebliche ideologische Schwierigkeiten zu überwinden hatten, um die Umstellung vom
Zug- zum Bandbetrieb umfassend zu bewältigen.
Dies zeigte sich auch in einer unzureichenden Organisation des innerparteilichen Lebens im November und Dezember 1983.
Die GO Leitung nahm deshalb unmittelbar im Januar 1984 aktiven Einfluß auf die Organisation des Parteilebens in der APO Grube und
setzte die Versammlungstätigkeit durch. So also neben den APO Versammlungen auch die Versammlungen der Gewerkschaftsgruppen durch
unseren persönlichen Besuch.
In der Versammlung der Brigade "Roter Stern" herrschte anfänglich die
gleiche offene und kritische Atmosphäre zur Bewältigung der noch
ungelösten Probleme.
Zunehmend, angeheizt durch das unter dem Mantel "kritisch zu sein"
unparteiliche Verhalten des Gen. Gundermann, wurden fachliche Streitgespräche benutzt, um dem Tagebauleiter Unfähigkeit und Zulassung
von arbeits- und produktionsgefährdenden Situationen zu unterstellen
- ja ihr bewußtes Übersehen wegen Erfüllung hoher Leistungsforderung
in der Rohkohleförderung.

In das Wort der sachlichen Zurückweisung dieser Unterstellung durch Gen. Dr. Teuchert, viel Gen. Gundermann brüllend ein
- wenn wir nicht Eigeninitiative entwickelt hätten, dann wäre die Leistung nicht gekommen;
- die Rohkohle hätte nicht nach Tonnen sondern nach kg gemessen werden können und im übrigen können wir ja "Arbeit nach Vorschrift" vollziehen, dann kommt wohl oben nichts mehr an.

An dieser Stelle nahm der GO Sekretär das Wort und forderte Gen. Gundermann auf, nicht eine aktivitätseinschränkende ideologische Position durch die Losung in die Versammlung hineinzutragen.
Gen. Gundermann viel wieder ins Wort und stieß emotional scharf akzentuiert aus: "Du kannst gar nichts- mir auch nicht etwas nachweisen und Du kannst hier fachlich gar nicht mitreden, sei lieber still usw.". Warum er sich bedroht fühlte ist unbekannt.
Gen. Gundermann hatte nur Recht.
Er verstieg sich in dieser Versammlung zur Brüllerei, ohne auf Ermahnungen zu hören, führte ständig Fehlerdiskussionen, wies alle Kritiken zurück, war völlig destruktiv und ständig gegen die Funktionäre in Affront.

Zusammenfassend brachte er noch zum Ausdruck:

- Wir lehnen die Störkennziffer -lohnwirksam- ab, weil sie uns nicht erklärt wurde und gegen unser Lohninteresse steht.
- Wir suchen schon wochenlang die Aussprache mit dem Abteilungsleiter - haben sie verlangt - er hat einen Bogen um uns gemacht. Er hat Angst vor uns.
- Umstellungsprobleme vom Zug- zum Bandbetrieb haben nicht wir Kumpel sondern die Leitung.

Ton, Formulierung und Haltung des Gen. Gundermann waren ständig davon getragen, die sich herausbildende Gemeinsamkeit zwischen Werktätige und Leitung zum Verständnis der gegenwärtigen Situation und der Bereitschaft der gemeinsamen Bewältigung und Überwindung der bestehenden Unzulänglichkeiten, ohne Leistungseinbuße, zu stören.
Die Versammlung wurde nicht vom Vertrauensmann, Koll. Reiber, Hubert, ein ausgeschlossenes ehemaliges Parteimitglied, geleitet. Er erwies sich als unfähig.
Der Schichtleiter, Gen. Schmidt, Peter, verhielt sich unverantwortlich und wies falsche Darstellungen und Behauptungen der Kollegen in der Versammlung nicht zurück.
Er zeigte auch dem Gen. Gundermann nicht die Schranken des Anstandes auf und wich der Auseinandersetzung aus.
Insgesamt zeigte sich eine schlechte Vorbereitung der Gewerkschaftsversammlung durch AGL und Parteigruppe, aber auch ungenügenden Einfluß der APO und BGL.
Nach der Versammlung an der Bushaltestelle setzte Gen. Gundermann seinen Diskussionsstil in provokanter Art, dem GO Sekretär gegenüber, fort. Ich erklärte ihm sein unparteiisches Benehmen während der Versammlung, er verteidigte es.
Unter anderem sagte er zu mir:
- Du müßtest wieder mal arbeiten, denn es ist bei Dir schon 20 Jahre her!
- Was ist das für ein System, daß ein Parteiaktiv benötigt, um wirtschaftspolitische Probleme zu lösen und Instandhaltungskapazität zu erwirken.
- Ich mache auch gesellschaftliche Arbeit, aber nach der Arbeitszeit und bin Schichtarbeiter. Bei mir ist sie ehrenamtlich.
- Du kannst ja mal versuchen, gegen mich ein Parteiverfahren einzuleiten - wir werden ja sehen, ob Du was erreichst.

(Fortsetzung Begründung)

- "In einem leitenden Parteifunktionär," dabei nannte er auch den Generalsekretär, "kann er keine Persönlichkeiten sehen, er kennt zu wenig deren Schwächen und Fehler."

- "Man muß allen mit Mißtrauen und Zweifel begegnen, da machen auch Parteibeschlüsse keine Ausnahme."

Zur Kulturpolitik der Partei und dem feindlichen gegen die DDR gerichteten Verhalten einzelner Künstler hat er keine Partei- und Klassenposition. So unterstellt er der Partei und dem Staat, sie seien z. B. Schuld am "Weggang" von M. Krug. "Krug hätte auf Konzerten auftreten müssen, von denen man erklärte, sie sind ausverkauft, in Wirklichkeit waren nur 10 Mann Staatssicherheit da."
Ausgehend von den mit ihm geführten Auseinandersetzungen verstieg er sich zur Behauptung "Wenn in der Partei jemand auf der Abschußliste steht, ist er sowieso erledigt, so sei es auch dem Sänger Ernst Busch gegangen, der bei einer Auseinandersetzung mit Erich Honecker auf der Strecke blieb und 10 Jahre Auftrittsverbot hatte."
Mehrfach provozierte und beleidigte er verantwortliche Genossen seiner Grundorganisation (Tagebauleiter und Parteisekretär), indem er ihnen pauschal die Fähigkeiten für ihre Funktion absprach. Unbeherrscht und unsachlich trat er in den parteilichen Auseinandersetzungen auf. Er belegte Genossen, die ihren Standpunkt äußerten, mit vulgären Ausdrücken.
Sein unerhörtes Verhalten gipfelte darin, daß er in der Mitgliederversammlung dem APO-Sekretär Gewalttätigkeiten androhte.

Gerhard Gundermann besitzt nicht die politische Reife und Charaktereigenschaften eines Kommunisten.

Stärke der Grundorganisation:	29	davon anwesend:	19
für den Beschluß stimmten:	17	Unterschrift:	

Vermerkung der PKK:

Bestätigung des Beschlusses der GO-APO durch das Sekretariat der SED-Kreisleitung Spremberg
am: 18. 5. 1984
Unterschrift

Der Beschluß wurde mir mündlich zur Kenntnis gegeben.

_____, den 07.06.84

20.05.84
hoyerswerda

werter genosse Dohlus,

mein name ist gerhard gundermann.
ich bin seit 1977 mitglied der SED,
und möchte mich mit meinem problem an Dich,
in Deiner eigenschaft als vorsitzender der
zentralen parteikontrollkommission wenden.

gegen mich wurde von meiner apo im april 84 ein parteiverfahren
eröffnet.als begründung wurden unklarheiten zu grundfragen
unserer parteipolitik genannt.
dieses verfahren endete am 07.05. mit einem apo-beschluß
über meinen parteiausschluß.
da zu diesem beschluß offensichtliches einverständnis der
Kreis- sowie bezirksleitung vorliegt,wende ich mich hiermit
direkt an die zentrale kontrollkommission mit der bitte zur
nochmaligen prüfung der argumentation und des ergebnisses
des durchgeführten verfahrens.

etwas zu meiner person:
ich bin 29 jahre alt,verheiratet,zwei kinder,
arbeite als baggerfahrer im braunkohlenwerk welzow,
tagebau spreetal.als politischer künstler versuche ich
in den bereichen lied,theater und zirkus vor allem für
kinder und jugendliche wirksam zu werden.
mitglied der SED bin ich geworden,weil ich in den kommunistischen idealen meine eigenen ideale aufgehoben sah,
und den organisierten,kollektiven kampf zur realisierung
dieser kommunistischen ideale mitkämpfen wollte.
das will ich auch heute noch.
im allgemeinen sagt man mir idealismus,ungeduld, energie,
übersteigertes selbstbewußtsein,rechthaberei und starrköpfig-
keit nach.diese charaktereigenschaften,die ich bestätige,
erzeugen in zusammenhang mit meiner sozialen und politischen
position ein grundsätzlich produktives verhalten gegenüber
der (meiner) welt und gesellschaft.
von mir und meiner umwelt bekämpfter teil dieses verhaltens
ist jedoch auch voreiligkeit,unsachlichkeit und unüberlegt-
heit.dieser widerspruch zwischen sinn und form hat mich schon
oft in unerwartete konflikte gebracht.
so wurde schon einmal,vor fünf jahren,gegen mich ein parteiverfahren geführt,wegen parteischädigenden verhaltens.
die apo beschloß den von der go-leitung vorgeschlagenen
ausschluß,der jedoch von der kreisleitung nicht bestätigt,
und in eine strenge rüge umgewandelt.wurde.
diese parteistrafe wurde gelöscht.

zu dem durchgeführten verfahren:

ausgangspunkt ist ein gespräch zwischen meinem tagebauleiter,
genossen Teuchert und mir am 28.10.83.
er hatte mich zu sich bestellt,um mit mir gemeinsam meinen
diskussionsbeitrag zur bevorstehenden apo-wahl,an der der
genosse walde (1.sekretär der bezirksleitung cottbus) teil-
nehmen wollte,zu formulieren.
nachdem ich ihm klargemacht hatte,daß ich meinen beitrag
allein formulieren kann,teilte er mir einige punkte mit,die
er berücksichtigt wissen wollte,und im anschluß daran entspann
sich zwischen uns ein lebhaftes gespräch über betriebliche,
politische und kulturelle probleme.
natürlich hatten wir zu verschiedenen dingen unterschiedliche
standpunkte,aber es stand völlig außer frage,daß dies ein
gespräch war,in dem zwei genossen ihre erfahrungen und
probleme diskutierte

probleme diskutiert hatten.

monate vergingen.

da wir seit oktober 83 in einem neuen,vorfristig in betrieb genommenen tagebau arbeiten,der durch seine neue fördertechnologie sehr viele probleme mitbrachte,wurde im februar 84 mit jeder brigade eine versammlung durchgeführt,in der sie die möglichkeit hatten,mit tagebauleiter,go-sekretär und bgl-vorsitzendem diese probleme zu diskutieren.
diese versammlung sollte die dauer von einer stunde haben.
da in dem neuen tagebau deit oktober weder brigade-,gewerkschafts-,noch parteiversammlungen durchgeführt wurden,war dies eine sehr kurze zeit,um die fülle der anstehenden probleme auch nur zu erfassen,geschwiege denn,sie zu diskutieren oder gar zu lösungen zu finden.
es waren keine geringen dinge,die nun lautstark zur sprache kamen,so z.b. die informations-und diskussionslose einführung einer störabhängigen lohnform,in deren endergebnis wir weniger verdienten und wußten nicht einmal,wieso.praktische nichtexistenz einer arbeiteversorgung,informationslose neufestlegungen zur arbeitszeit u.v.a.m.
mein standpunkt war,daß viele probleme aus den unzureichenden kontakten zwischen leitern und werktätigen entstünden,
die produktionsorganisation nicht der praxis rechnung trägt,
wir deshalb oft gezwungen sind,vorschrifts-und arbeitsschutzwidrig zu arbeiten,wenn wir den plan bringen wollen.
daß wir die anstehenden probleme nicht von konträren positionen aus lösen können,sondern nur durch gemeinsames denken und handeln als betriebskollektiv vom tagebauleiter bis zum klappenschläger.
um die gegenwärtig geübte praxis zu verdeutlichen sagte ich,
daß,wenn wir uns konsequent an anweisungen und vorschriften halten würden,die kohle nicht tonnen-,sondern kiloweise aus dem tagebau fahren würde.
daraufhin unterbrach mich der go-sekretär,ich unterbrach ihn wieder,alle begannen durcheinanderzureden,die versammlung explodierte faktisch.
beim hinausgehen definierte der tagebauleiter mein verhalten als ein vertreten von rudimenten bürgerlicher ideologie (arbeit nach vorschrift).die gleiche grundhaltung vertrat der go-sekretär,und wir setzten die auseinandersetzung fort bis an die bushaltestelle,wobei die argumentation des go-sekretärs geprägt war von unkenntnis,meine von unsachlichkeit.
einige tage später wurde ich zu einer aussprache in die go-leitung bestellt,auf welcher zu recht mein verhalten kritisiert wurde.
darüberhinaus wurde ich belehrt,daß ich als genosse keine fehlerdiskussion dulden oder führen dürfe,und vor nichtgenossen keine genossen anzugreifen hätte.die ganze versammlung sollte wiederholt werden mit dem ziel,daß ich mich für das,was ich gesagt habe entschuldigen müsse.
ich lehnte dieses ansinnen ab,und sagte,daß ich mich für die art und weise des gesagten entschuldige,nicht aber für das gesagte.außerdem wies ich auf die proportionalität hin,die zwischen der lautstärke in der ein problem geäußert wird,
und der belastung,die dieses problem für uns darstellt,besteht.
ich wurde mit der mitteilung entlassen,daß die go-leitung mein verhalten mißbilligt.
zu dieser aussprache ist noch zu sagen,daß an ihr als vertreter der go-leitung außer go-sekretär,tagebauleiter und bgl-vorsitzendem noch drei weitere leiter teilnahmen,kein produktionsarbeiter.

ein weiterer monat verging.
am 23.03.84 wurde ich erneut zu einer aussprache ins zimmer
des go-sekretärs eingeladen.
zu meiner überraschung waren dort außer dem go-sekretär und
dem tagebauleiter,sowie meinem apo-sekretär noch die vorsitzenden
der kreis-und bezirksparteikontrollkommissionen,die genossen
coppka und winter anwesend.
die überraschung vergrößerte sich,als es bei der nun folgenden
aussprache nicht um mein verhalten während der brigadeversammlung im februar,sondern um das gespräch drehte,welches ich
im oktober 83 mit meinem tagebauleiter führte.
ich begann diese aussprache völlig konsterniert und in unguter
verfassung,da sich seit tagen alle möglichen leute mir gegenüber
und dunklen bemerkungen ergingen,die zusammenfassend aussagten,
daß „gegen gundermann ein ganz großes ding läuft".
außerdem wurde mir und meiner frau die mitfahrt in einer dele-
gation des zentralrates nach moskau zwei tage vorher mit der
begründung abgesagt,daß parteilicherseits gegen mich etwas vor-
läge.
nachdem mir der genosse winter die aufklärung über die gründe
dieser absage verweigerte,begann eine ca dreistündige aktion,
die ich nicht als aussprache bezeichnen würde,und daraus bestand,
daß aus einem mir nicht einsehbaren protokoll,über das aber alle
anderen anwesenden informiert waren,mir bestimmte punkte aus
dem fünf monate zurückliegenden gespräch entgegengehalten wurden,
zu denen ich in der auslegung des genossen teuchert unklare bzw.
feindliche positionen bezogen hätte.
es drehte sich im wesentlichen um fragen des demokratischen zentralismus,des stalinismus,fragen der sozialistischen kulturpolitik,um manfred krug,fragen der medienpolitik,der öffentlichkeits-
arbeit,der darstellung von führenden persönlichkeiten unseres
landes.
ich versuchte aus der kalten,meine positionen zu den an mich
gerichteten fragen plausibel zu machen,und meine noch offenen
fragen zu formulieren.
ich wurde zunehmend aggressiv,als ich merkte,daß man mit mir
umging,wie mit einem zu entlarvenden konterrevolutionär (so
neu ist mir dieser umgangston nicht).ich versprach auch,
jedem,der mich als kontra bezeichnet,die zähne einzuschlagen.
ich wurde entlassen mit der abschließenden einschätzung,daß
es mir nicht gelungen sei,die zweifel an der festigkeit meines
ideologischen standpunktes zu zerstreuen,daß ich mich im gegenteil immer tiefer in feindliche stellungen „hineingeritten"
hätte,und man so etwas wie mich natürlich nicht nach moskau
schicken könne.

am 11.04. wurde die apo-leitung mit dem protokoll der aussprache
vom 23.03.vertraut gemacht.ich war zu dieser sitzung eingeladen,
mußte aber während dieser zeit das zimmer verlassen.
danach sollte ich vor der apo-leitung stellung nehmen zu
einigen vorwürfen,die im ergebnis dieses protokolls an mich
formuliert wurden.
ich lehnte diese alle als nichtzutreffend ab.
mir wurde jedoch nicht die möglichkeit eingeräumt,diese haltung zu begründen und auf die einzelnen vorwürfe einzugehen.
als ich sagte,daß man nicht interpretationen meiner äußerungen
als meine äußerungen auslegen kann,da eine (die vorliegende)
interpretation letztendlich das gegenteil von dem aussagt,was
ich meine,unterbrach mich der go-sekretär mit der bemerkung:
„wir wissen schon,was du meinst."

daraufhin wurde von den mitgliedern der apo-leitung geäußert,daß es nun endlich zeit für meinen ausschluß sei. man hätte vor fünf jahren dafür gestimmt,und sei heute immer noch dafür.

am 07.05. fand dann eine außerordentliche apo-versammlung statt.diese hatte die dauer einer knappen stunde und hatte das vorher verkündete ziel:"das fehlverhalten des genossen gundermann zu erkennen,und"das entsprechende strafmaß festzulegen." es wurde ausdrücklich betont,daß es nicht um eine auseinandersetzung mit mir ginge,sondern um eine bestrafung,und zwar der ausschluß.
nach dieser vorrede äußerten sich die genossen teuchert, göldorf und kunert ausführlich über die gespräche im oktober,märz und april.
das was dort gesagt wurde,kann ich nun nicht mehr als oberflächliche verallgemeinerung auffassen,sondern ich hatte den eindruck einer vorsätzlichen entstellung.
in der restlichen viertelstunde sollten dann die anwesenden genossen ihre meinung zu den „fakten" äußern.
der inhalt der wortmeldungen ging von der wiederholten feststellung,daß man ja schon vor jahren für meinen ausschluß gewesen sei,und jetzt natürlich immer noch bis zur aufzählung meiner kulturellen auslandseinsätze als begründung für die zustimmung zum ausschluß.
während der letzten fünf minuten versuchte ich dann noch einmal, meine positionen darzulegen,und auf einige behauptungen einzugehen.
zum beispiel der behauptung,daß man seit jahren mit mir ideologische auseinandersetzungen führe,stellte ich die tatsache entgegen,daß ich ja aus arbeitsorganisatorischen gründen seit jahren (genau seit 01.01.82)in der apo gar nicht mehr anwesend war, und die apo-wahl 83 und ein parteilehrjahr die einzigen parteiveranstaltungen waren,an denen ich die möglichkeit hatte,teilzunehmen.
daraufhin äußerte sich der apo-sekretär dahingehend,daß es meine schuld sei,wenn ich nicht zu den versammlungen erschienen sei, daraufhin bot ich ihm eins in die fresse an.
der apo-sekretär nahm diese ausfälligkeit zum willkommenen anlaß, die versammlung abzubrechen und abstimmen zu lassen.
mit einer gegenstimme beschloß die apo meinen ausschluß.
es wäre dazu zu sagen,daß der genosse mit der gegenstimme genau der ist,mit dem ich während der zeit der abwesenheit in meiner apo zusammengearbeitet habe,und der mich am besten kennt.

es ist nun an der zeit,etwas zum eigentlichen verhandlungsgegenstand zu schreiben,nämlich zu meinen äußerungen einerseits, und der widerspiegelung in der protokollen und wiedergaben der gesprächspartner andererseits.

in meinem gespräch mit gen.teuchert im oktober 83 vertrat ich die meinung,daß die einbeziehung der schöpferischen potenzen aller der einzige weg ist,auf dem man den kapitalismus schlagen kann. außerdem äußert sich darin auch unsere demokratische potenz. und immer hat sich der sozialismus aus den schwierigsten und gefahrvollsten situationen dadurch herausgearbeitet,daß die verantwortung für den fortbestand der gesellschaft auf die schultern des volkes gelegt wird und nicht auf die eines einsamen führers. und immer dann,wenn die komponente des zentralismus im system des demokratischen zentralismus überbetont wird,entsteht der revolutionären weltbewegung und dem real existierenden sozialismus großer schaden.ersichtlich an den folgen des stalinismus.

in der auslegung des genossen teuchert wird daraus:
der genosse gundermann behauptet,daß das system des
demokratischen zentralismus dem sozialismus schon immer
schaden zugefügt hätte.

kein weiterer kommentar.

ein weiterer gesprächspunkt war die darstellung unserer
führenden persönlichkeiten in den medien.
ich sagte,daß ich von ziemlich schweren auseinandersetzungen
wüßte,die genosse honecker wegen der außerehelichen beziehungen
zu seiner jetzigen frau hatte,davon aber in seiner biografie
nichts finden könne.
der genosse winter fragte mich dazu,welches interesse ich hätte,
im privatleben unseres generalsekretärs herumzuwühlen.
ich sagte darauf,daß sich mir (und vielen jugendlichen) eine
persönlichkeit nur dann erschließt,wenn man sie von vielen seiten,
mit all ihren vorzügen und fehlern sieht,und daß ich mich mit
einem menschen eher identifizieren kann und für ihn sympathie
entwickle,wenn er keinen heiligenschein hat.
ich stellte die frage,wieso über den betten vieler jugendlicher
ein bild von che guevara hängt,aber keins von genossen honecker.
doch sicher aus dem grund,weil sich die jugendlichen erichs persönlichkeit nicht erschließen können.

der vor der apo gegen mich diesbezüglich erhobene vorwurf lautete:
genosse gundermann diskriminiert den generalsekretär,indem er
bahauptet,er geht fremd.genosse gundermann erkennt die mitglieder
des politbüros nicht als persönlichkeiten an.

im prinzip läßt sich die unhaltbarkeit aller gegen mich erhobenen
vorwürfe bei genauer prüfung nachweisen.

meine momentane position ist nun absolut schizophren.
auf der einen seite muß ich mir gefallen lassen,als klassengegner
behandelt zu werden,und gleichzeitig muß ich auf der anderen
seite gegen leute polemisieren,die meine ausschluß mit der
bemerkung:„hast eben zu laut die wahrheit gesagt,das wollen die
        da oben nicht hören," kommentieren.
diese gesamtsituation ist mir nicht neu.
schon vor fünf jahren hat mein damaliger apo-sekretär wörtlich
gesagt: „genossen,wenn wir den mann heute nicht aus der partei
        werfen,garantiere ich euch,in zwei jahren ist der nach
        dem westen abgehauen!"
ich persönlich bin ohne weiteres in der lage,die beleidigungen
und beschuldigungen zu verkraften,ich bin hart im nehmen.
was ich aber von niemandem angreifen lasse,ist meine grundpo-
sition als kommunist.
das schlimmste an der ganzen sache ist,daß an mir und meiner kulturellen und politischen potenz faktisch rufmord verübt wird.
ich möchte effektiv und mit allen kräften für die weitere entwicklung dieser gesellschaft arbeiten,viele möglichkeiten habe
ich dazu auf dem gebiet der kultur.ich kann diese möglichkeiten
nicht nutzen,wenn mir gegenüber bewußt wände aus mißtrauen und
vorurteilen errichtet werden,wie ich sie in zunehmendem maße
spüre.

ich weiß nicht,ob ich in der lage bin,den wust von mißverständnisse
und fehleinschätzungen aufzuklären.Du und andere verantwortliche
genossen haben sicher noch andere dinge zu tun,als sich mit mir
und meinem verfahren zu beschäftigen.
ich weiß nur,daß ich ebensowenig wie mein dokument auch meine
gesinnung abgeben werde.

Gerhard Gundermann, Spreetal 1988 (auch das folgende Foto)

Und dann diese Leere, diese Stille

Laila Stieler: Notiz über einen Besuch in Hoyerswerda im Jahre 2009

Am 24. August fahre ich mit Conny nach Hoyerswerda. Wir haben diesen Besuch lange geplant. Conny hat Urlaub. Sie nimmt sich extra einen Tag für mich Zeit. Ich selbst bin eigentlich mitten in einer anderen Produktion, in einer anderen Geschichte, und muss mich sehr konzentrieren, um den Schalter auf Gundermann umzulegen. Aber wenn ich mich darauf einlasse, geht es immer relativ schnell. Die Zeit, das Lebensgefühl, dieser merkwürdige Mensch – das alles ist mir seltsam vertraut. Auf der anderen Seite wird es mir – je mehr Details ich erfahre – auch immer fremder, größer, gewaltiger. Ich frage mich, wie ein Mensch in nur 43 Jahren so viel hat erleben können. Und wie vermessen ist es, das beschreiben zu wollen. So zu tun, als ob ich ihn kenne, einen Extrakt herausfiltern aus diesem Berg von Möglichkeiten, dieses dann als sein Leben ausgeben, und vielleicht sogar noch etwas darüber hinaus erzählen. Und dann denen gegenübertreten, die jede Zeile in seinen Liedern kennen, oder auch denen, die gar nichts kennen und auch nicht wissen, ob sie ihn kennenlernen wollen …!

Biografie-Filme haben oft etwas in sich Abgeschlossenes. Meist erzählen sie vom Leben eines mehr oder weniger interessanten Menschen, der Schweres durchlitten, aber Großes geschaffen hat, Ende gut, alles gut. Vielleicht aber sollte eine Geschichte über Gundermann das Fragmentarische behalten? Etwas Offenes? Vielleicht sollte sich bei ihm eher die Frage stellen: Was hätte der als Nächstes angestellt? Die vielen Anfänge, all die Dinge, die nicht zu Ende gebracht wurden, das frühe Herausgerissensein aus diesem Leben – nun, das ist wieder einer der vielen möglichen Ansatzpunkte fürs Erzählen …

Ich hole Conny morgens ab und wir fahren nach Hoyerswerda. Mit dem Auto, weil die direkte Bahnverbindung nicht mehr existiert.

Schwer, die Stadt zu beschreiben. Es ist ein heißer, sonniger Tag. Bei solchem Wetter ist nahezu jede Stadt zu ertragen. Natürlich stechen die Neubauten ins Auge. Mittendrin gibt es einen winzigen alten Kern und darum herum weitläufige Plattenbaugebiete. Die Stadt ist eingeteilt in sogenannte Wohnkomplexe, in geschlossene Viertel, deren Straßennamen jeweils einem Thema zugeordnet sind, z. B. Komponistenviertel, Blumenviertel, Widerstandskämpferviertel. Gundi, erzählt Conny, kannte sich gut aus in diesen für Außenstehende sicher gleichförmigen Betonhaufen. Er konnte

Leuten den Weg weisen. Damals waren die Sträucher und Bäume gerade erst angepflanzt, die Wege noch nicht betoniert, und natürlich gab es keine Werbung und auch keine so bunten Fassaden. Es muss also alles irgendwie grauer, unordentlicher gewesen sein. Einerseits. Andererseits wirkt die Stadt heute leer. Weitläufig, mehr als aufgeräumt. Und in der Tat hat sich die Einwohnerzahl in den letzten zwanzig Jahren nahezu halbiert. Häuser wurden weggerissen, weil es billiger ist, sie abzureißen, als leerstehende Gebäude zu unterhalten. So gibt es nun riesige Parkplätze mitten in der Stadt. Zwischen den Häusern, wo früher Wäsche wehte, ein Buddelkasten stand und gleich daneben das nächste Wohnhaus, befinden sich jetzt große, parkartige Flächen. Eigentlich schön, nur scheint alles plötzlich unproportioniert. Die Rasenfläche gigantisch im Vergleich zu den Häusern dahinter, und dann diese Leere, diese Stille, die geschlossenen Kindergärten. Die Stadt dämmert gepflegt vor sich hin.

Wir wollen einen Kaffee trinken und fahren auf den Parkplatz eines Kaufhauses. Eine kleinere Ausgabe des ehemaligen Centrum Warenhauses am Alex. Karstadt hat sich hier gleich nach der Wende reingesetzt und angebaut, bis mit der Zeit die Einkäufer wegblieben. Nun ist es ein riesiger Schnäppchen-Markt. Drinnen gibt es den üblichen Einkaufspassagen-Italiener. Conny erzählt, dass Gundi früher hier öfter mit Journalisten war, wenn es um Interviews oder Artikel ging. Er wollte nicht, dass die alle zu ihm nach Hause kommen. Auch schon wieder ein Bild.

Die vierspurige Straße, an der das Kaufhaus liegt – viel zu groß für das derzeitige Verkehrsaufkommen –, führt direkt auf das »Knie«. Ein Hochhaus mit einem Knick, dem Straßenverlauf folgend. Hier hatte Gundermann seine Einraumwohnung, als er noch Junggeselle war. Wir ziehen weiter zum Jugendklub, der heute immer noch Jugendklub ist. Eine Gruppe ABM-Kräfte, Frauen zwischen 40 und 50, stehen da rum und schwatzen. Bereitwillig öffnen sie uns den Saal, in dem früher die Konzerte stattfanden, hier hat sich nicht viel verändert. Gleich daneben gab es einen Flachbau, der Probenraum der *Feuersteine,* der existiert nicht mehr. Aber die Kastanie auf dem Hof, die Conny und Gundermann zu ihrer Hochzeit pflanzten, dürfte 15 Meter hoch sein.

Abstecher zum Friedhof, Sonnenblumen kaufen. Damals vor zwanzig Jahren war es ein stiller, einzelner Platz unter einem Baum, nun ist Gundermanns Grab in einer Reihe mit vielen anderen. Als wir es gefunden haben, stellen wir die Blumen ab und lesen die Karten, die für ihn hier angekommen sind. Tatsächlich, Leute schicken Briefe, Programmankündigungen oder auch Postkarten mit Urlaubsgrüßen an Gerhard Gundermann, Waldfriedhof, Hoyerswerda.

Meine Reue kriegt ihr nicht.
Laila Stieler im Gespräch mit Maxi Leinkauf

Wie kam Gundermann in deine Welt?

Ich hatte ihn mal im Konzert gesehen, in einem kleinen Club. Das muss noch vor '89 gewesen sein. Man sprach über ihn, er hatte einen Namen, da war ein gewisser Druck dahinter. Der weiß, wovon er singt, hieß es. Weil er in der Braunkohle arbeitete, also direkt an der Basis. Ich weiß nicht, was ich mir vorgestellt hatte, ich kannte kein Bild von ihm. Ich komme also in den Club, und da steht ein dünner Mann, mit langer Nase und Hosenträgern und Fleischerhemd auf der Bühne. Also das Bild, das ich mir von ihm gemacht hatte, war definitiv ein anderes. Ich hatte mir was Heldisches vorgestellt. Aber nachdem ich ihm eine Weile zugehört hatte, fand ich ihn doch sehr anziehend. Wie er sang, das hatte Kraft und Leidenschaft. Das war schon ein Erlebnis. Fast erotisch.

War ihm bewusst, wie er da wirkte?

Während er sang, vielleicht nicht. Da ging er völlig in seinen Liedern auf. Aber sein Fleischerhemd, das hat er schon mit Bedacht angezogen.

Wie kamst du auf die Idee, einen Film über Gundermann zu machen?

Mitte der Neunziger traf ich meinen Freund Mario Ferraro wieder. Er war Musiker, hatte schon in mehreren Bands mit so lustigen Namen wie *Make up* gespielt und mich hin und wieder zu Konzerten mitgenommen. Dann verloren wir uns ein paar Jahre aus den Augen. Wo spielst du denn gerade, fragte ich ihn. Och, sagte er in seiner bescheidenen Art, in der *Seilschaft*. Was? In DER *Seilschaft*, hab ich zurückgefragt. Ich hatte natürlich schon von der Band gehört, so einen Namen merkt man sich ja. *Gundermann und Seilschaft*. Mario brachte dann ENGEL ÜBER DEM REVIER vorbei. Die Platte war gerade fertig geworden. Kannst ja ma reinhören, meinte er. Und das tat ich dann auch. Irgendwie zögerlich, weil ich ihm ja was dazu sagen musste. Aber dann war ich erstaunt über die Musik, die Texte. Das war eine Stimmung, die kannte ich. Eine Melancholie, wie direkt aus der Erde, aus dieser Braunkohle, das hatte etwas Derbes und Zartes zugleich. Und als ich dann UND MUSST DU WEINEN hörte ... Das ist bis heute mein Lieblingslied. Dieser Refrain, mit

Laila Stieler, 2018

den harten Händen und den harten Herzen, wie Gundermann das schafft, mit drei Worten eine Assoziation herzustellen. Diese Arbeiterfrauen, die er beschreibt, mit den harten Händen, die hab ich vor mir gesehen. Das hat an meine Wahrnehmung der Wirklichkeit angeknüpft. Ich habe ja nie im Tagebau gearbeitet, aber ich konnte mir vorstellen, wie die aussehen. Darüber muss man einen Film machen, hab ich spontan zu Mario gesagt.

Kamst du mal in Berührung mit solchen Arbeiterwelten?
Wie viele meiner Generation hab ich in den Schulferien in der Produktion gearbeitet, um mein Taschengeld aufzubessern. Hinzu kam noch der Unterricht Praktische Arbeit, wo wir einmal pro Woche in einem Produktionsbetrieb lernten, so was wie löten, stanzen, Drehmaschine bedienen. Und dann war ich ein Jahr im VEB Elektrokohle Lichtenberg. Hab da meinen Facharbeiter gemacht und bin tatsächlich gelernte Facharbeiterin für Sintertechnik, also technische Kohle, was jetzt nicht mein Traumberuf war und auch nicht ganz freiwillig geschah. Das kam einfach dadurch, dass ich mich in der 11. Klasse für ein Studium der Journalistik beworben hatte. Da gab es eine Eignungsprüfung, die hatte ich bestanden, und um wirklich Journalismus studieren zu können, war es erwünscht, dass wir vor dem Studium ein Jahr in einem Produktionsbetrieb arbeiteten. Damit wir sozusagen die Basis kennenlernen, eben das, worüber wir später schreiben sollten. Gut. Ich bin also in Berlin-Lichtenberg, wo ich damals wohnte, in die Straßenbahn gestiegen, Richtung Industriegebiet gefahren und drei Haltestellen weiter ging ich in den erstbesten Betrieb rein und sagte: Ich will hier arbeiten. Können wir nicht gebrauchen, war die Antwort. Ich wieder raus und schon die nächste Fabrik ins Auge gefasst, da kam mir die Dame von der Kaderleitung hinterhergerannt. Was wollen Sie nochmal studieren? Journalismus, sag ich. Wunderbar. Sie können bei uns anfangen, wir brauchen jemanden für die Betriebszeitung. Ja, ich soll aber in der Produktion arbeiten, sag ich. Kein Problem, können Sie. Meinen Facharbeiter soll ich auch machen. Können Sie, können Sie. Plötzlich war alles kein Problem. Der Hintergrund war, dass eine Kollegin der Betriebszeitung im Schwangerschaftsurlaub war und man nun händeringend einen Ersatz für ein Jahr suchte. Ich kam denen also wie gerufen, so sagten sie jedenfalls.

Der Deal war, dass ich vormittags in der Produktion, in der Schleiferei, am Fließband arbeiten, und mich nachmittags um die Zeitung kümmern sollte, plus zweimal die Woche Erwachsenenqualifizierung. Ich konnte mein Glück nicht fassen. Bis ich dann den Redakteur traf, meinen Arbeitskollegen für ein Jahr. Ein älterer Herr, der nur noch einen Arm hatte. Der andere war in der Wismut geblieben. Es hätte mich eigentlich misstrauisch machen müssen, dass er in der einen Stunde, in der wir in einem Eiscafé am Alex saßen, sieben Schnäpse trank. Es stellte sich heraus, er war Quartalssäufer. So hatte ich dann zeitweise die volle Verantwortung für die Zeitung. Aber in seinen nüchternen Phasen hab ich viel von ihm gelernt.

Wie waren die Frauen im Betrieb?
In der Schleiferei arbeiteten mehr Frauen als Männer. Junge Frauen, manche allein mit drei Kindern, die Bestarbeiterinnen waren. Die habe ich immer bewundert. Die haben bestimmt auch harte Hände gehabt.

Was war das Treibende, Gundermann als Figur weiterzuspinnen?
Da war diese Stasi-Geschichte. 1995 wurde öffentlich, dass Gundermann von 1976 bis 1984 IM »Gri-

gori« war. Das hatte ich natürlich mitgekriegt. In einem Interview erzählte er später, wie er einmal am Rande eines Konzertes angesprochen wurde von einem Bekannten. Der sagte zu ihm: Du, ich hab deinen Namen in meiner Akte gefunden, also deinen Decknamen. Du bist doch »Grigori«, oder? Und im ersten Moment, sagte Gundermann, konnte er sich kaum noch daran erinnern. Da war was mit Stasi, ja, er hat sich mit denen getroffen, aber nicht oft. Er hat denen was erzählt, aber nichts von Belang. Und später, so sagte er, sei er dann erschrocken gewesen über sich selbst. Ich konnte mir die Situation gut vorstellen. Dieses Erschrecken über etwas, was schon so lange zurückzuliegen scheint, was man gern vergessen hätte, weil es doch nicht so wichtig schien fürs spätere Leben. Wie dann mit ihm verfahren wurde, auch in Artikeln und Berichten über ihn, das weckte meinen Widerspruch. So ging es mir schon bei Christa Wolf, die in jungen Jahren auch als IM geführt, und – nachdem das herauskam – plötzlich darauf reduziert wurde. Da ging es auf einmal nicht mehr darum, was für eine große Schriftstellerin sie war, wie mutig, und was sie erdulden musste, als sie selbst bespitzelt wurde. Christa Wolf ist gleich IM »Margarethe«, hieß es für eine gewisse Zeit nur noch. Wie fühlt man da? Wie hat sich Gundermann gefühlt? Das waren so Fragen, die mir plötzlich nahegingen. Wenn es um DDR ging, kamen zu der Zeit hauptsächlich die negativen Aspekte hoch. Und ich wurde regelrecht wütend, wenn Leute, die aus meiner Sicht keine Ahnung hatten, über meine Helden richteten. Und damit ja gewissermaßen auch über mich und mein Leben. Ich hatte das Gefühl, ich müsste das verteidigen.

Ein paar Jahre später, im Juni 1998, ist Gundermann gestorben.
Da war auch unsere Idee, einen Film zu drehen, erstmal weg. Jetzt über einen Gundermann-Film nachzudenken, kam mir pietätlos vor, wie Leichenfledderei. Wir haben dennoch immer wieder und immer weiter darüber geredet, Andi Dresen und ich. Das war wie ein fortlaufendes Gespräch mit großen Pausen. Ich arbeitete zu dieser Zeit als Producerin, schrieb vornehmlich Fernsehspiele fürs ZDF, hatte mein Auskommen. Es lief alles. Trotzdem war da eine Leerstelle. Ich habe eine Weile gebraucht, um herauszufinden, was das war, was mich unzufrieden machte. Immer wieder hab ich mich gefragt, was ich eigentlich will. Ob ich vielleicht zu angepasst lebe, um nicht zu sagen, fremdbestimmt. Ob ich nicht mal über etwas schreiben sollte, was mehr mit mir zu tun hat. Wirklich mit mir. Und da war Gundermann wieder da, und die Idee, über ihn einen Film zu schreiben. Ich habe mich mit Andi Dresen beraten und bei ihm offene Türen eingerannt. Mach das, sagte er. Uns war natürlich klar, dass es lange dauern würde. Aber so lange …

Gundermann hat sehr dicht gelebt: Baggerfahrer, Liedermacher, politischer Mensch. Wusstest du, welche Geschichte du erzählen möchtest? Was war reizvoll für dich?
Er war auch Geliebter und Abgewiesener und Hilfsarbeiter und Fachkraft und Belächelter und Held. Das sind schon pralle Geschichten, über jede einzelne könnte man einen eigenen Film drehen. Aber wann immer ich mich für Menschen interessiere, hat das mit einer gewissen Nähe zu tun. Und bei ihm kam ich immer wieder zu der Frage: Woher speist sich diese Melancholie? Woher kommt diese Trauer? Zu Anfang dachte ich, das hat mit der Wende zu tun, mit dem Verlust von Heimat, von Lebenssinn. Er hat sich ja in der DDR engagiert, er wollte etwas verändern. Er hat dieses Land geliebt und gehasst und plötzlich war's weg. So hab ich mir das erklärt. Später stieß ich darauf, dass

Laila Stieler in der Uckermark, 2017

die Trauer bei ihm noch ganz andere Wurzeln hat, dass da eine tiefe Schuld ist, die von innen frisst, und diese Einsamkeit verursacht. Dieses Alleinsein, Außenseitersein.

Schuld?
Er wollte ja immer ein Held sein. Ilja Muromez, Che Guevara, Tamara Bunke – es gab so Namen, die ihn begleiteten. Er soll sich als Kind mit einem Koffer in die Eisenbahn gesetzt haben, um in den Kampf zu fahren, Richtung Kuba, glaub ich. Und jetzt weiß ich gerade gar nicht mehr, ob mir das wirklich erzählt wurde oder ob ich mir das ausgedacht hab? Egal, so oder so passt es zu ihm. Wie auch eben diese Geschichte, die ihm tatsächlich passiert ist: Als Elfjähriger findet er im Keller eine Pistole. Noch aus dem Zweiten Weltkrieg. Sein Vater hatte sie aufgehoben und versteckt. Das war ja verboten. Aber was weiß denn ein Kind davon? Er war so begeistert, dass er sich die Pistole in die Trainingshose gesteckt hat, wo sie beulte bis zum Knie, und dann ist er damit auf den Spielplatz gegangen.

Er war ja der Abgelehnte. Der kleine Blasse vom Schulhof mit den großen Zähnen und der Brille. Wenn man dann eine Pistole hat und die auf dem Spielplatz zeigen kann, dann ist man wer. Natürlich ist er verpetzt worden, die Polizei stand vor der Tür und hat seinen Vater verhaftet. Der kriegte eine Anzeige und wurde wegen Waffenbesitz verurteilt. Bewährung. Jetzt könnte man sagen, ist ja alles nochmal glimpflich ausgegangen. Aber der Vater muss ein harter Mann gewesen sein. Noch dazu ging die Beziehung der Eltern kurz danach endgültig in die Brüche. Und das alles hat der alte Gundermann seinem Sohn angelastet. Die Scheidung, die Schande, den Verlust. Er hat nie wieder mit seinem Sohn gesprochen.

Und der Junge machte sich Vorwürfe.
Ja. Da war zwar eine Mutter, aber die hatte wahrscheinlich keinen guten Kontakt zu ihren Kindern. Jedenfalls nicht zu ihm. Ich kenne sie nur aus Dokumentarfilmen, da wirkte sie auf mich derb, wie gepanzert. Und Gundermann war ja ein hochsensibler Mensch. Hat sie das verstanden? Ich glaube nicht. Wie sonst kann man ein Kind so allein lassen mit dieser großen Schuld? Dass er verantwortlich ist für das Unglück des Vaters, für die Trennung der Eltern, dass er Leid über sie gebracht hat. Gundermann war durch den nachfolgenden Umzug entwurzelt, in eine völlig neue Umgebung verpflanzt, er war vom Vater getrennt und schleppte diese Schuldgefühle mit sich herum, von denen ihn niemand befreite. Später hat er in einem Interview gesagt, Glück bedeutet für ihn, dass ihm die Welt ganz nah kommt. Wenn er Freude empfindet – was selten passiert –, dann zieht sich für einen Moment der Vorhang auf, und die Folie ist weg, die ihn von den anderen trennt und durch die er auf die Welt blickt. Und er sieht alles ganz nah.

»Ich bin nur 'n armer Hund, aber wer, wer ließ mich von der Leine los ...« singt er in einem seiner Lieder.

Ja, das trifft es vielleicht. Er sinniert darüber, wer er eigentlich ist, wenn er allem nur hinterherrennt. Er wollte ja ein zweiter Che Guevara sein. Ich meine, er war Offiziersschüler, er hat sich ernsthaft vorgestellt, dass aus ihm ein Offizier oder gar Kundschafter werden könnte. Vielleicht wollte er mit Heldentaten etwas kompensieren, was ihm an sich selbst unzureichend schien.

Welche Rolle spielt das Thema Stasi im Drehbuch? Und wie nähert man sich dem, jenseits der Opfer-Täter-Klischees?

Es gibt einen Begriff, den Klaus Koch von Busch-Funk mal dafür verwendet hat: Rotstoff. Der trifft es gut. Wir hatten das auch im Chemieunterricht. Das ist so ein Stoff, Kaliumpermanganat, glaub ich, von dem du einen Tropfen in ein Wasserfass schüttest und das ganze Fass färbt sich rot. Und so ist es auch mit der Stasi. Wenn du das Thema antippst, färbt es auf alles andere ab. Es hat sich für mich beim Schreiben erschwerend herausgestellt, dass es diesen Farbeffekt gibt. Du kannst es nicht nebenbei erzählen. Du musst gründlich sein, musst in die Tiefe gehen. Von seinem inneren Kampf erzählen. Ich habe dann lange mit Conny darüber geredet.

Seiner Frau.

Und Gundermanns Geschichte mit der Stasi wurde im Drehbuch so eine Art Spiegelbild. Ein Kern, um den man Teile seines Lebens herumgruppieren kann. Schon in der ersten Fassung war klar: Ein Mann spricht ihn an und sagt: Du, ich habe deinen Decknamen in meiner Akte gelesen. Diese Szene ist der Ausgangspunkt. Von da an beginnt eine Auseinandersetzung mit seiner Vergangenheit. Diesen Bogen wollte ich erzählen: Von dem Moment an, in dem Gundermann sagt: »Ich erinnere mich an nichts, ich hab mir doch gar nichts vorzuwerfen«, bis hin zu: »Scheiße, was habe ich denn da gemacht.« Und in der Zeitspanne, während er versucht, etwas zu rekonstruieren, während er frühere Freunde befragt und seiner Stasi-Akte hinterherjagt, erinnert er sich natürlich an sehr viel mehr als an seine Kontakte zur Stasi. Da kommt seine Liebesgeschichte mit Conny wieder hoch, sein langes Werben und auch sein unglückliches »Liebesverhältnis« zur SED.

Warum kann man solche Dinge wie eine Stasi-Mitarbeit vergessen, ablegen?

Ich glaube, dass er sich dafür geschämt hat. Da wird natürlich auch seine Vatergeschichte wieder aufgewühlt. Seine vermeintliche Schuld, diese Wunde. Woher kommt Scham? Die empfinden ja nur Menschen, die seelische Verletzungen haben. Leute, die mit sich im Reinen sind, schämen sich nicht. Er hat sich dafür geschämt, und er hat das durch viele andere Sachen wettzumachen versucht. Bis er meinte, er ist mit sich im Reinen.

Wie sahen denn seine Berichte aus?

Man darf sich das nicht so vorstellen, als sei er nur Leuten hinterhergerannt und habe sie ausspioniert. Als hätte er Aufträge bekommen und die dann abgearbeitet. Sondern er hat auch ganz freiwillig Dinge berichtet, die ihm von Belang schienen. Aber wie mir Conny sagte, waren das zum Teil Informationen, die in Hoyerswerda die Spatzen von den Dächern pfiffen. Er wäre eigentlich gar nicht so nahe dran gewesen an den Leuten, dass er wirklich große Geheimnisse hätte ausplaudern können. Ich habe einige *Feuersteine* getroffen, über die er berichtet hat (also Mitglieder jener Band, die aus dem *Singeklub Hoyerswerda* hervorgegangen ist). Die meisten sind damit relativ gelassen umgegangen, vielleicht weil sie ihn kannten. Den Weltverbesserer.

Er hatte in seiner Sehnsucht nach Heldentum ja durchaus was Militantes. Also, die Berichte, die er geschrieben oder für die Stasi auf Band gesprochen hat, haben mich im Einzelnen nicht so erschüttert. Ich hab mich nur hin und wieder gefragt, warum er diese Kleinigkeiten überhaupt notiert hat, warum er für wichtig hielt, der Stasi das mitzuteilen. Die Masse allerdings, die hat mich schon schockiert. Dass er so viel gequatscht hat. Dass er so fleißig war. Zumindest in der Anfangszeit. Über sich selbst hat er übrigens auch berichtet. In der dritten Person, was schon wieder komisch ist.

Weil Gundermann »prinzipiell eigenwillig« war und Parteifunktionäre kritisiert hat, schloss man ihn 1984 aus der SED aus. Da war auch Schluss mit der Stasi.

Ja, und ich sehe dieses Stasi-Thema als eine Facette seines Idealismus, der sich durch alle seine Lebensbereiche zieht. Nicht nur im Sinne von etwas Visionärem, sondern es ging darum, dass er immer ein bestimmtes Ziel hatte. In den Bandproben, in der Liebe, auf 'm Bagger, in der Partei. Er hatte ein Bild davon, wie seine Welt idealerweise auszusehen hat. Und er wollte, dass sein Leben von Conny begleitet wird. Die Frau ist zwar verheiratet und hat zwei Kinder, aber na und? Er kam als Hilfsarbeiter in den Tagebau und wollte Baggerfahrer werden, also eine hochqualifizierte Tätigkeit. Auf dem Weg dahin hat er einiges einstecken müssen, aber er hat's geschafft. Und er wusste natürlich, wie der Sozialismus aussehen soll: ohne Bonzen. Und ohne, dass sich jemand bereichert. Er ging davon aus, dass auch das machbar ist. Und den Sozialismus verteidigen, heißt dann eben, dass man sich auf Leute einlässt, die dafür da sind, ihn zu verteidigen. Und die er sich einem bestimmten Ideal gemäß vorstellte.

Coole Agenten?

Helden. So wie in der Serie DAS UNSICHTBARE VISIER oder im Roman WIE DER STAHL GEHÄRTET WURDE. Er hatte ein bestimmtes Bild von Agenten, die nur dem Guten dienen. In der Schule wurde uns immer gesagt: Um das Gute durchzusetzen, da wird es auch Opfer geben. Sieht man ein, theoretisch. Aber praktisch? Da fangen die Graustufen an: Was passiert, wenn du die Opfer kennst? Wenn die dir vielleicht nahe sind? Das hat er sich nicht ausgerechnet. Er hat sich eben auch die Stasi ideal vorgestellt. Zugleich hat er seine Möglichkeiten, dort Einfluss zu nehmen, überschätzt.

Irgendwann ist er einfach nicht mehr hingegangen. Warum eigentlich?

Er hat erstmal sehr engagiert mitgearbeitet, weil er eine bestimmte Vorstellung hatte, was er mit Hilfe der Stasi bewirken könnte. Zunächst ging es darum, dass die Band, also der *Singeklub,* geschlossen ins westliche Ausland fahren darf, um dort aufzutreten. Also nicht nur einzelne Leute, sondern alle zusammen. Man hatte ihm erklärt, dass das möglich sei, wenn ein IM in der Gruppe ist. Den Posten hat er quasi übernommen. Dafür wollten sie Informationen, die hat er gegeben. Später ging es ihm um mehr. Und da stellte sich heraus, dass die Stasi für ihn eine Einbahnstraße war. Er kam mit Informationen und wollte eine Gegenleistung. Er berichtete über korrupte Funktionäre oder über Probleme im Tagebau, beispielsweise wie dort mit Arbeitsunfällen umgegangen wird. Dass die nicht in der Statistik auftauchten. Wenn es einen Todesfall gab, wurde für denjenigen das Gehalt weitergezahlt, und der verschwand plötzlich aus der Statistik. Seltsame Dinge deckte er auf. Und die brachte er dahin, damit die bei der Stasi was verändern. Es passierte aber nichts, gar nichts. Er war langsam. Er brauchte eine Weile, um zu begreifen, dass die gar kein Interesse haben, ihm zu helfen. Sondern ihn schlicht abschöpfen wollten. Das hat ihn desillusioniert.

War er mutig?
Ja, klar. Du hast einen Führungsoffizier, und der macht einen Termin mit dir, und du gehst da nicht hin. Er wusste ja nicht, was passiert. Er hatte sich mit denen eingelassen, sich auch ausgeliefert. Aus den Akten geht hervor, dass sein erster Führungsoffizier ein väterlicher, verständnisvoller Mensch gewesen sein muss. Und Gundermann war einsam, er hatte diesen Vaterkomplex. Dann wechselten die Führungsoffiziere. Und plötzlich hatte er mit Technokraten zu tun, mit Betonköpfen. Die wollten ihn nicht verstehen. Die sahen ihn an und hörten ihm zu und sagten: Das ist ja ein Feind. Den müssen wir beobachten. »Der hat sich ja ungünstig entwickelt«, so hieß es da. Und er hat sich getraut, denen gegenüber aufzutreten und dieses Unwohlsein zu benennen, das mehr und mehr in ihm gärte. Und er ist nur noch sporadisch zu den Terminen gegangen, die sie ansetzten. Er suchte eine Familie. Und die wurde Conny für ihn. Als er mit ihr zusammenkam, ist er schließlich gar nicht mehr zu den Treffpunkten gegangen.

Er wurde dann selbst massiv beobachtet.
Ja. Und er wurde aus der Partei geworfen. Dabei glaubte er an die DDR, an den Sozialismus. Er wollte eine gerechte Gesellschaft. Der Satz von Marx, dass die freie Entwicklung des Einzelnen die Bedingung für die freie Entwicklung aller ist, war so ein Leitgedanke von ihm. Gleichzeitig wollte er einen Sozialismus ohne Dogmatismus, ohne Korruption, ohne Funktionäre, die sich aufführen wie Feudalherren. Also einen idealen Sozialismus. Die Art und Weise, wie er in der DDR praktiziert wurde, wie die Theorie quasi angewendet wurde, hat er stark kritisiert. Man konnte das Leben in der DDR lieben und gleichzeitig hassen.

Diesen Widerspruch trug Gundermann in sich.
Ja, er war zweifelnd, nachfragend. Er wollte etwas in Bewegung bringen und verbessern und hat es damit gleichzeitig kaputt gemacht.

Wie hast du dich Conny genähert? Sie spielt ja im Drehbuch eine starke Rolle.
Sie war mein Lichtstern. Sie war offen. Ich musste gar nicht groß kämpfen. Als ich damals 2008 bei ihr in Berlin-Pankow das erste Mal klingelte, rannte ich offene Türen ein. Sie mochte die Idee dieses Films von Anfang an und sagte: »Ich bin dafür, du kannst alles fragen. Und du kannst alles ausprobieren.« Sie war in einer Weise großzügig, wie ich es bei Menschen selten erlebt habe. Es war ihr Schmerz, ihre große Liebe. Und da hätte man ja sagen können: Die rücke ich nicht raus, die behalte ich für mich. Aber sie fing sofort an zu erzählen. Sie hat so eine Offenheit, dass ich sie manchmal beschützen wollte. Dabei kann sie das ganz gut selbst. Sie ist klug und bescheiden. Irgendwann sagte sie: Du darfst nicht immer nur mich befragen, andere können dir noch viel mehr erzählen.

Sie hat alle Türen geöffnet?
Ja, sie hat mich überall mit hingenommen und mich allen vorgestellt. Wir sind nach Hoyerswerda gefahren, waren beim Jahrestag der *Brigade Feuerstein*. Conny hat mir gezeigt, wo sie geprobt haben, wo ihr Haus stand, und in welchem Krankenhaus sie Linda zur Welt brachte. Dann gibt es in Hoyerswerda ein Gundermann-Archiv. Das ist ein Schrank. Und der ist ziemlich gut sortiert, mit Interviews und alten Theaterstücken. Ich habe auch mit anderen Weggefährten gesprochen und Leuten, die ihn kannten. Zum Beispiel hatte ich

ein langes Gespräch mit Andrej Hermlin. Der sagte den folgenschweren Satz: Man kann ein Kommunist sein und muss kein Arschloch sein. Er hat Gundermanns Stasi-Mitarbeit total abgelehnt, obwohl Gundi ihm grundsätzlich sympathisch war.

Wurde dein Bild von Gundermann klarer, je mehr Menschen aus seinem persönlichen Umfeld von ihm erzählten?
Ich habe von vielen gehört, dass er ein starker Motor war, ein Antreiber. Dass er auch eine gewisse Penetranz hatte, um das durchzusetzen, was er wollte. Zugleich muss er mitreißend gewesen sein in seiner Leidenschaft. Seine Poesie, seine Intelligenz, seine Radikalität – ich habe sehr viel Bewunderndes über ihn gehört.
Aber irgendwann während der Recherche und der Gespräche hatte ich dann das Gefühl: Ich verliere mich hier in zu vielen verschiedenen Perspektiven. Ich konzentriere mich jetzt auf Conny! Sie war der Mensch, der ihn am besten kannte. Sie war der Schlüssel.

Was konnten die beiden füreinander sein?
So offen, wie sie mir gegenübergetreten ist, muss sie auch ihm begegnet sein. So großzügig. Sie hat ihn akzeptiert, so wie er ist. Sie musste für ihn über viele Schatten springen, über Grenzen gehen, und das hat sie gemacht: Sie hat sich mit zwei Kindern von ihrem damaligen Mann getrennt, sie ist aus einer Beziehung herausgegangen, um mit Gundermann zusammen zu sein. Mit jemandem, bei dem sie nicht alles gut und richtig findet, aber den sie annimmt, wie er ist. Sie ist ihm sehr zugetan, hat ihn sehr geliebt und auch bewundert. Wobei er das offenbar immer ablehnte. Sie soll ihn nicht so bewundern, hat er gesagt. Auch das musste sie schaffen. Conny ist ihm eine Partnerin gewesen mit all ihren Stärken und Schwächen. Sie ist an seiner Seite gewachsen, sagt sie von sich. Aber vor allem hat ihm diese Liebe geholfen, sich selbst zu akzeptieren. Er war ja sein schärfster Kritiker. Sie hat ihm geholfen, sich selbst auch gern zu haben. Und er wiederum hat in ihr Leben eine Tiefe gebracht, die sie vorher vielleicht vermisst hat.

Sie haben die gemeinsame Tochter Linda. Wie war das Treffen mit ihr?
Als ich Linda kennenlernte, da ging sie noch zur Schule. Mittlerweile ist sie Lehrerin. Sie ist ihm ähnlich. Nicht nur äußerlich, sondern auch in einer gewissen Unbedingtheit. Sie ist selbstbewusst. Aber wenn es um ihren Vater ging, war sie sehr zurückhaltend und hat gesagt: Du musst mich eigentlich gar nicht befragen, ich hab ihn ja wenig erlebt. Das ist schon so weit weg. Sie hatte meine zweite Drehbuchfassung gelesen und sagte dann: »Ja, ganz schön, aber weißt du, was mir fehlt: Wir hatten doch ganz viel Spaß! Mach das doch nicht so traurig! Ich erinnere mich noch, wie er mit meinem älteren Bruder Steffen einen Weg entlangläuft, und sie treten sich dabei immer gegenseitig in den Arsch.« Dieses Bild war so initialisierend. Und ich dachte: Da hat sie recht. Da muss Spaß rein!

Gab es auch etwas Kleinbürgerliches in Gundermanns Leben?
In ihm war etwas, das an allem sehr festgehalten hat: am Bagger, an diesem Reihenhäuschen da draußen am Wald, auch an seinem Arbeiterdasein, mit allem was dazugehört. Er konnte nichts wegschmeißen. In einem unserer letzten Recherchegespräche hat mir Conny erzählt, dass seine Mutter ihm immer Sachen rübergeschoben hat, die sie loswerden wollte. Und er war so ein Sammler. Er hat also viel aufgehoben, unter anderem den Jogginganzug seiner Mutter. Pink und flauschig. Und den hat er zu Hause angezogen! Es gab auch mal

Laila Stieler im Gespräch mit Conny und Linda Gundermann, Uckermark 2017

ein Interview. Da saßen Conny und er in Jogginganzügen auf der Hollywoodschaukel und wurden von einem Reporter interviewt. Später sahen sie sich im Fernsehen, und da muss ihm wohl ein Licht aufgegangen sein, denn er sagte: »Das hätten die ja mal sagen können, wie scheiße man aussieht.« Das hab ich gleich ins Drehbuch eingebaut. So ein Jogginganzug wird dann mehr als ein Kostüm, das der Schauspieler in der Szene trägt. Ich hab mir beim Schreiben vorgestellt, wie die Dialoge von Conny und Gundermann, diese zum Teil schwierigen, ernsten Gespräche über die Stasi und über seine mögliche Schuld, in dem pinken Jogginganzug stattfinden! Spießig? Die haben sich einfach nichts dabei gedacht.

Wie lange dauerte die Recherche für den Film?
Ich habe etwa drei Jahre recherchiert, länger als bei anderen Filmen. Ich habe mir die beiden Dokumentarfilme von Richard Engel angesehen und sehr viel Musik gehört, auch während des Schreibens. Es sollte auf alle Fälle nicht so ein klassisches Biopic werden. Ich hatte Horror vor einer Aneinanderreihung von Daten und Zeiten ohne inneren Zusammenhang, ohne ein Thema, ohne einen kausalen Bezug. Mich langweilt dieses: und dann und dann und dann, nur weil es die Chronologie so vorgibt. Ich versuche aus solchen dramaturgischen Mustern immer auszubrechen.

Es ist auch eine Musikerbiografie. Welche Filme hast du vorher gesehen?

Das war vor allem WALK THE LINE. Und noch mal WALK THE LINE. Ich war verknallt in den Film. Dabei hab ich ihn das erste Mal ganz zufällig gesehen. Ich hatte mich nie für Johnny Cash interessiert, und bin mit meiner Tochter ins Kino gegangen, wo wir eigentlich einen anderen Film sehen wollten. Gab aber nur Karten für WALK THE LINE. Wir haben uns noch gewundert, warum da so viele dicke Männer in Lederklamotten mit Bärten und Tätowierungen im Saal saßen. Und die sind dann mitgegangen, haben die Lieder laut mitgesungen und in den Film reingegrölt. Da gab es diese Szene, wo Johnny im Bett liegt, von den Drogen genesen. Und June kommt mit einem Körbchen zu ihm und sagt: »Guck mal, was ich im Wald gefunden habe: Beeren.« Und die Leder-Männer schreien: »Und Pilze!« Das war schon eine denkwürdige Veranstaltung. Die beiden Schauspieler, Joaquin Phoenix und Reese Witherspoon, haben diese Liebesgeschichte unfassbar schön gespielt. Diese Zerrissenheit. Wie sie sich sehnen nacheinander und trotzdem so viel Angst haben zusammenzukommen. Sehnsucht und Schmerz.

Noch so ein Verwundeter.

Ja, Johnny Cash schleppt auch eine Vatergeschichte mit sich rum. Das sind natürlich vergleichbare Momente. Ich habe den Film gesehen und dachte: toll. Ist aber eher klassisch erzählt. Dann habe ich ihn mir noch drei-, viermal angeschaut und gedacht: Mein Gott, ist der gut konstruiert. Im Audiokommentar beschreibt Regisseur James Mangold, wie er die Bühnensituationen hergestellt hat. Wie er versucht hat, die Lieder in dramatische Handlungen einzubetten. So, dass sich mit jedem Auftritt etwas Persönliches verbindet: Zum Beispiel guckt June in einer frühen Phase, in der sie noch keine Beziehung haben, zu, während er auftritt. Oder ganz am Ende, wenn Johnny ihr auf der Bühne vor Publikum einen Heiratsantrag macht. Oder wenn er betrunken ans Mikro tritt, weil sie ihn abgewiesen hat. Es ist oft eine Beweissituation für ihn. Das fand ich hochinteressant. Ich konnte handwerklich sehr viel lernen. Es ist ja der erste Musikfilm, den ich geschrieben habe.

Waren noch andere Filme anregend?

Natürlich RAY. Ich habe mir THE DOORS noch mal angeschaut, ALL THAT JAZZ, wo es zwar mehr um Choreografie geht, aber eben auch um eine Krise in einem Künstlerleben. Ich habe CONTROL gesehen über *Joy Division* und DREAMGIRLS, eine Geschichte über Motown. HILDEGARD KNEF fällt mir ein. Das hat Heike Makatsch gut gemacht. THE COMMITMENTS, SPINAL TAP und BLUES BROTHERS kannte ich von früher. Sehr anregend war der Film I'M NOT THERE. Die Idee, Biografie zu erzählen, indem man ins Episodische geht, und die verschiedenen Episoden in verschiedenen Genres auch noch mit unterschiedlichen Hauptdarstellern besetzt – das war sehr inspirierend, der freie Umgang mit Zeit und Dramaturgie. Einen Moment lang haben Andi Dresen und ich sogar erwogen, die Gundermann-Geschichte ähnlich zu gestalten. Aber ganz so radikal waren wir dann doch nicht, weil Gundermann eben nicht Bob Dylan ist und vielen erst einmal überhaupt bekannt gemacht werden muss. Immerhin hat dieses Nachdenken über Erzählformen dazu geführt, dass Materialien ins Drehbuch eingeflossen sind, welche die dramatische Handlung unterbrechen, Dokumentarisches, aber auch Werbespots und Ausschnitte aus Fernsehsendungen aus den Jahren 1975–78 und 1992–96, also den Zeitebenen, die ich erzähle. Und so ein Film braucht auch einen Sound. Ich habe deshalb während des Schreibens permanent Musik gehört. Gundermanns Lieder.

Wie konntest du dich in diese Stimmung der Wendejahre versetzen?

Ich habe mir während einer meiner letzten Drehbuch-Überarbeitungen den Film BERLIN-PRENZLAUER BERG von Petra Tschörtner angeguckt, der 1990 in der Schönhauser Allee spielt. Das war ein Schock. Ich hatte nicht mehr in Erinnerung, wie damals alles aussah. Zum einen war ich erschrocken, wie grau, wie tatsächlich grau alles schien, die Häuser, die Farben, die Auslagen in den Läden. Zum anderen, wie mein Gedächtnis funktioniert, wie ich das alles vergessen und mich so schnell an die neuen, bunten Fassaden gewöhnen konnte. Und natürlich war ich viele Tage in der Zentrale der BStU (Behörde des Bundesbeauftragten für Stasi-Unterlagen). Dort gab es eine Sachbearbeiterin, eine tolle Frau, die sehr hilfreich war. Sie händigte mir die Akten über Gundermann aus, diese dicken Ordner, die sie vorher nochmal durchgesehen hatte, um die Klarnamen zu schwärzen. Und sie sagte: »Der arme Mensch.« »Der arme Mensch.«! Sie hatte Gundermann in seiner Not begriffen.

Wenn man einem Menschen so nahe kommt, wie hält man Distanz, um ihn als Stoff zu betrachten?

Ehrlich gesagt ging es mir erstmal um Nähe, weil ich Gundermann ja gar nicht persönlich kannte. Ich hatte eine bestimmte Vorstellung, was ich schreiben will, wie die Figur auszusehen hat: Denn es ist ja nicht er, also der reale Mensch Gundermann, den ich schreibe, sondern eine Figur, meine Figur. Kein Mensch, sondern ein Konstrukt. Ich habe also diese Figur im Kopf. Und dann ist da der reale Gundermann. Und die lege ich aufeinander und überprüfe. Insofern ergab sich die Distanz fast automatisch. Die Nähe musste ich herstellen.

Durch das Umfeld, die Lieder?

Da gab es verschiedene Etappen. Ich habe ihn mir am Anfang eulenspiegelhaft vorgestellt, als jemanden, der seinen Schabernack trieb. Und dann merkte ich: Nee, das ist ihm ja alles ganz ernst gewesen. Das ist keiner, der Witze machte. Komik hat sich dann eher daraus ergeben, dass sich die Realität immer an seinen Vorstellungen gerieben hat. Das wurde meine Arbeitshaltung, eine Figur anziehen, also ihr nahezukommen in emotionalen Momenten, und wieder wegschieben mit einem Lachen. Durch Komik schafft man ja erstmal eine Distanz.

Was ist komisch an Gundermann?

Natürlich dieser Kontrast zwischen seiner Wahrnehmung und der Realität. Oder wie er immer wieder abschweift, in seine Welt eintaucht und dann manchmal Dinge sagt, die für andere völlig zusammenhangslos sind. Von dieser Facette erzählten mir verschiedene Leute. Für mich hatte es schließlich auch etwas Komisches, dass er diese Stasi-Geschichte im ersten Moment so bagatellisiert. »Ich hab mich doch nur ein paarmal mit denen getroffen. Ich hab doch niemand geschadet.« Und man spürt, dass er viel verdrängt hat, man weiß noch nicht warum, aber dass dieses vorgeschobene selbstsichere Auftreten nicht lange halten und er Dinge über sich herauskriegen wird, die ihm nicht angenehm sein werden.

Erstmal hat er sich eine Scheinwelt aufgebaut?

Ja, er hat wieder sein Bild von sich. Dieses Heldenbild. Aber der Zuschauer denkt: Junge, das wird dich einholen. Das fand ich komisch. Und tragisch natürlich auch.

Konntest du Gundermann gerecht werden?

Diese Angst, ihm nicht gerecht zu werden, begleitete mich über all die Jahre. Ich dachte oft: Was werden die dazu sagen, die ihn wirklich gekannt haben? Dann habe ich mir immer wieder gedacht: So einen Film hätten ja auch schon andere machen können. Ist aber nicht passiert. Und jetzt ist es eben an mir hängen geblieben. Ob ich ihm gerecht werden konnte, weiß ich nicht. Das müssen andere einschätzen.

Immer wieder Verschiebungen, Absagen, fehlende Finanzierung. Wie konntest du das Projekt über so lange Zeit wachhalten und dich immer wieder motivieren?
Ich habe fest daran geglaubt. Es gab aber auch verzweifelte Momente, in denen ich mich gefragt habe: Wird es stattfinden? Der Drehtermin wurde mehrmals verschoben. Aber dann fand doch wieder ein Gespräch statt. Und ich habe mich rangesetzt und nochmal überarbeitet. Du willst ja auch, dass es besser wird. Ich konnte mir nicht vorstellen, dass der Film gar nicht gedreht wird. Es kamen Absagen. Bei Gesprächen hieß es oft: Kennt keiner, guckt keiner. Wir arbeiteten einige Jahre mit einer Produktionsfirma, die wollten gern einen Film mit Andi Dresen machen. Dass es nun dieses Gundermann-Projekt ist, das nahmen sie so mit. Die waren freundlich, aber nicht gerade begeistert. Und für mich als Autorin nicht allzu ermutigend. Da war so viel Zweifel. In dieser Konstellation hingen wir irgendwie fest. Wir sprachen immer wieder darüber, wie wir dieses Gundermann-Schicksal so erzählen, dass es alle, also auch die, die ihn nicht kennen, verstehen. Wie wir es anstellen, dass es nicht nur ein Film für Gundermann-Fans wird. Und immer wieder stand die Frage: Wie kriegen wir diesen »Reuebogen« hin? Wie wird am Ende glaubwürdig Asche aufs Haupt gestreut?

Hollywood?
Naja, auf jeden Fall eine bestimmte Dramaturgie, die in Läuterung, Katharsis endet. Die vielfach verwendete Drei-Akt-Struktur. Die kommt ja noch von den alten Griechen her, wo die Katharsis etwas mit der Allmacht der Götter und mit Einsicht und Demut zu tun hat. Sinnvoll für die alten Griechen, aber es gibt ja inzwischen auch andere Erzählmuster. Ich dachte auch lange, das müsste so sein bei unserem Stoff. Oder ich habe mich nichts anderes zu denken getraut. Aber ich hatte mehr und mehr das Gefühl: Nein! Ich muss das anders erzählen. Und dann kam ich auf diesen Satz: Meine Reue kriegt ihr nicht. Das wurde so etwas wie ein Leitsatz, eine Haltung der Gundermann-Figur. Andi Dresen sah das auch so. Wir haben uns da beide hingearbeitet. Jetzt scheint es mir logisch. Aber am Anfang war uns nur klar, dass Gundermann in seiner Recherche nach der eigenen Vergangenheit irgendwann an einem Abgrund stehen und eine tiefe Erschütterung durchleben muss. Und jetzt wurde uns klar, dass er da auch wieder heraufsteigen muss: So, da bin ich wieder. Ich bin der Gleiche wie vorher, ich trete hier nicht als Geschlagener auf. Ich streue mir keine Asche aufs Haupt. Ich habe das gelebt, es hat dazugehört, und wenn ich mich bei irgendwem zu entschuldigen habe, dann mach ich das. Aber meine Reue, so als allumfassende Entschuldigung für mein Leben, die kriegt ihr nicht.

Es ist, wie es ist.
Und er weiß: Das Schlimmste habe ich mir selbst angetan. Diese Trauer, die in vielen seiner Lieder ist, das ist schon eine Trauer über sich. Wir haben dann die Produktionsfirma gewechselt, und alles kam wieder in Schwung. Wir fanden sehr ermutigende, kraftvolle Produzenten, die all das in dem Stoff sahen, was wir auch gesehen haben.

Bald kommen die Jubiläen, 30 Jahre Mauerfall, dann Wiedervereinigung. Kommt der Film im richtigen Moment?

Das wird sich zeigen. Es wird mit Sicherheit wieder eine Fülle von Filmen über den Osten geben, in denen der Osten als Folie für alle möglichen Krimis oder Liebesgeschichten herhalten muss. Dagegen ist ja nichts zu sagen, wenn es die anderen Filme auch gäbe, die Dramen, die Tragikomödien, die Alltagsgeschichten. Ich habe das Gefühl, dass sich unser Land in eine seltsame Richtung verändert. Da wird dir wieder stark vorgegeben, wie du Dinge zu sehen hast. Und oft zu sehr vereinfacht. Russland ist böse, der Arabische Frühling ist gut, und die DDR ist eine Geschichte von Unterdrückung. Also, wenn jemand IM der Stasi war, dann muss er das bereuen. Diese ewigen Ausrufezeichen! Ich wünsche mir schon, dass unser Film dazu beiträgt, Dinge differenzierter zu sehen. Ohne dieses Schwarz-Weiß. Das wäre schön. Zumindest hat es so einen Film zu diesem Thema, anhand einer besonderen ostdeutschen Biografie, noch nicht gegeben. Über einen Menschen, der so viele Widersprüche in sich trägt.

Es ist ein Film über den Osten.
Und den erzählen wir. Ich habe den Eindruck, dass Geschichten aus der DDR heute hauptsächlich aus westdeutscher Sicht erzählt werden. Dass wir andere Erfahrungen und natürlich andere Perspektiven haben, finden viele meiner westdeutschen Kollegen immer noch überraschend. Jedenfalls sehe ich selten einen Film über die DDR, wo das Gefühl stimmt, und ich mich mit meinen Erfahrungen und meiner Sicht widergespiegelt finde. Bei der Finanzierung unseres Films bekamen wir von einer Förderung in erster Instanz eine Ablehnung. Mit dem Argument: Gundermann sei nur so ein Einzelschicksal. Das sei ja nicht verallgemeinerbar, das würde man nicht verstehen. Andi Dresen konterte: »Aber wenn ich jetzt über Rio Reiser erzählen würde, dann würden Sie es verstehen, oder? Obwohl das auch nur ein Einzelschicksal ist.« Und immerhin in zweiter Instanz bekamen wir die Förderung. Da hab ich gedacht, wir müssten insgesamt auch selbstbewusster auftreten, so wie Andi in dieser Situation. Mag sein, dass wir im Osten Geborenen bestimmte Dinge nicht so aufbereiten können, dass sie allgemein verständlich werden. Vielleicht bleiben Leerstellen, bleiben Fragen offen. Na und? Darüber kann man doch diskutieren. Mir geht es ja auch oft so, dass ich Filme über den Westen sehe, die ich nicht restlos verstehe, zum Beispiel über West-Berlin in den Siebzigern oder Achtzigern. Da sind für mich auch Leerstellen, da kommen Codes vor, die ich nicht kenne. Eigentlich sollten wir genau das benutzen, um ins Gespräch zu kommen. Interessanterweise haben wir die größte Förderung für unseren Film schließlich aus Nordrhein-Westfalen bekommen. Die fanden das gut.

Womöglich dachten die an die Kohlekumpel, ans Revier.
Ja. Vielleicht ist das eine Ebene, auf der man verallgemeinern kann. Fänd' ich gut.

Teamfotos von den Dreharbeiten

Aufnahmeleiterin Ines Frederich und Produktionskoordinatorin Theresa Bölke

Kameramann Andreas Höfer

Szenenbildnerin Susanne Hopf

Alexander Scheer und Andreas Dresen

Regieassistentin
Claudia Beewen

Kostümbildnerin Sabine Greunig

Andreas Höfer, Andreas Dresen und Thorsten Merten

Anna Unterberger, Alexander Scheer und Jan Maihorn

Maskenbildnerinnen Grit Kosse und Uta Spikermann

Peter Hartwig (Koproduzent Kineo), Claudia Steffen (Produzentin Pandora), Cooky Ziesche (Redakteurin rbb), Andreas Dresen (Regisseur), Alexander Scheer (Schauspieler Gerhard Gundermann), Petra Müller (Film und Medien Stiftung NRW), Björn Hoffmann (Pandora Filmverleih), Christoph Friedel (Produzent Pandora) (v. l. n. r.)

Als ich das Drehbuch gelesen hatte, wusste ich, das ist mein Film!

Alexander Scheer im Gespräch mit Birk Meinhardt

Als Gundermann seine große Zeit hatte und halbwegs berühmt wurde, in den Jahren nach der Wende, waren Sie 14, 15, 16 – hat er für Sie und Ihr Leben damals in Ost-Berlin irgendeine Rolle gespielt?

Ehrlich? Der hat mich nicht interessiert. Ich kannte seinen Namen, und ich wusste auch, wie er aussieht, aber ich hab keine Musik von ihm gehört. Von den Ost-Muggern war Manne Krug die Nummer eins. Drüben auf dem Flohmarkt hab ich mich mit *Stones* und Zappa eingedeckt, ich wollte Westplatten und nicht so'n Typen mit so 'ner Brille! Und dann dieser Sound mit den DX7-Synthesizern, diesen schlimmen Pizzicati und dem überproduzierten Schlagzeug, uoh, Ostrock, also nicht annähernd spielte der Typ eine Rolle. Die Mädchen in der Schule, die ich nicht so spannend fand, haben den gut gefunden.

Und heute? Ist Ihnen die Melancholie, die in seinen Liedern steckt, fremd?

Überhaupt nicht.

Obwohl Ihr Nachwendegefühl ein so ganz anderes war?

Da muss ich ein bisschen ausholen. Ich war ja zweimal 14, einmal im Osten und einmal im Westen. Meine Generation ist bipolar sozialisiert. Vor '89 war Friedrichshain, wo ich herkomme, ein ruhiger Arbeiterbezirk, da wurden die Kohlen teilweise noch mit dem Pferdefuhrwerk rangekarrt, und sonntags wurden die Trabbis gewaschen, mit Schwamm und Seifenwasser. Als Kind rennst du da rum, und die Welt ist völlig in Ordnung. Du gehst zur Schule, zum Pioniermanöver in die Wuhlheide, Vorsicht mit der Kiste, Jungs, sind echte Granaten, und einmal ging mein Papa mit mir auch zum 1. Mai. Alle winkten Honecker zu, und der winkte dann zurück, jeder Erwachsene wusste, wie bescheuert das ist, und wir Kinder spürten es auch. Den Wind von '89 fand ich dann natürlich toll. Das waren ganz andere Demos. Aber nach der Währungsunion hatte schnell jeder Bürger seinen Farbfernseher und seinen gebrauchten Opel Kadett, alle waren zufrieden mit ihrer Banane. Und Friedrichshain war voller Werbetafeln. Da war die Luft schon wieder raus.

Alexander Scheer als Gerhard Gundermann

Der erste Geschmack der Fremdbestimmung ist immer süß, sagt Castorf.
Vielleicht zitiert der Frank auch Heiner Müller, aber noch zum Nachwendegefühl: Damals entstand die letzte große Jugendbewegung, Techno. Für kurze Zeit war das eine gigantische Kraft. Es gibt ja diesen Song von Jimy Hendrix IF 6 WAS 9, für uns war '96 wie '69, Hippiezeit, Musik und Drogen, wir haben Rock'n'Roll gehört und sind zu Techno abgegangen. House und Hendrix in einem Zug, wir waren Hybriden, auf einmal war alles da, was vorher verboten war. Du bist 16, und Berlin ist der freieste Ort des Planeten, wer braucht da Abitur? Schule als Institution war lachhaft, die Lehrer, die noch unterrichten durften, weil sie nicht bei der Stasi gewesen waren, mussten uns jetzt den ganzen Käse andersrum erklären, wir haben ihnen nicht mehr zugehört. Aggi, unsere Schulsprecherin, heiße Braut, setzte sich ein für die Abschaffung des Sonnabends als Schultag, redete in einem Moment ganz politisch und rief eine Sekunde später, los, ab zur Love Parade. So war unsere Generation. Nachts in die Clubs gerannt, tags in der Schule gepennt. Es hatte was Schamanisches in den Kellern, Ekstase durch Monotonie, überall waren die Läden, in der Torstraße 'ne Klappe, da steigst du runter und bist in einem stillgelegten Bahnhof, irgendwelche Skulpturen, die zusammengeschweißt werden, Beats, ein Tapeziertisch, ein Kühlschrank und Boxen, das war der Club. Und ein halbes Jahr später – hattest du schon Camel auf dem Flyer. Auf der nächsten Love Parade waren die Wagen gebrandet mit Becks. Alle Firmen hingen sich ran an diese Bewegung. Kommerzialisierung von Energie. Werbeagenturen aus Hamburg und München ritten ein und schnappten sich DJ's, Hiphopper, Sprayer …

Auch Sie?
Klar. Ich war Model. Ali, der Türsteher vom E-Werk, hatte 'ne Agentur. Einen Job im Monat, und du hattest die Miete für's nächste halbe Jahr drin. Wir waren zum Beispiel in einem Techno-Spot, in unseren Siebziger-Jahre-Anzügen, die es billig bei Humana gab, kombiniert mit Trainingsjacken und Sonnenbrillen, wir tanzen da rum, und am Ende eine Stimme aus dem Off: Schon mal über die Zukunft nachgedacht? Bausparvertrag. Schwäbisch Hall.

Und damit zurück zu Gundi Gundermann.
Das führt schon alles zurück, das ist ja der Punkt: Wir fanden toll, wie leicht alles ging, die haben uns die Kohle nachgeworfen, und wir haben sie genommen. Aber andererseits, abends im Kifferrauch haben wir gesagt, eigentlich sind wir Doppelagenten, die Spaßgeneration, die durchschaut, was hier los ist. Dass wir nämlich alle vom Sozialismus umstandslos im Kapitalismus gelandet waren und dass es jetzt tatsächlich nur noch ums Kapital ging, um die Kohle, um die es doch im Osten nie gegangen war. Und deswegen kann ich Gundis Melancholie auch komplett teilen.

Vor unserem Gespräch haben Sie mir geschrieben, dieser Film sei für Sie der wichtigste seit zwanzig Jahren. Also im Grunde seit Ihrem Debüt SONNENALLEE. Warum ist er das?
Mit SONNENALLEE waren wir Vorreiter. Leander Hausmann und Detlev Buck sind ein Jahr rumgetingelt, um Produzenten zu überzeugen. Nee, haben die gesagt, ein Ostfilm zehn Jahre nach der Wende, will keiner sehen. Nachdem das Ding aber durch die Decke ging, trippelten dieselben Leute an: Sowas wollten wir ja schon immer machen! Sicher, wir waren 'ne Komödie, das geht immer in Deutschland, aber hier hat sich der Osten selber ausgelacht, und bei den Schinken, die danach kamen, hatte ich immer das Gefühl, die haben die Pointe falsch serviert. Andreas Dresen wiederum

ist jemand, der, wenn er DDR sagt, auch tatsächlich weiß, wovon er spricht. Der kann seine Geschichten nur dort spielen lassen, wo er sich auskennt. Wenn er einen Film macht, dann ist ihm der ein Anliegen, und das imponiert mir. Warum spielen denn die besten Filme von Woody Allen und Scorsese in New York? Genau. Weil die beiden von dort sind. Natürlich kannst du Shakespeare spielen 400 Jahre später, du kannst ja nicht Richard III. anrufen und fragen, wie war es in deiner Wirklichkeit, mein Lieber? Aber Gundermann: HIER BIN ICH GEBOREN, heißt ein Lied von ihm. Ich war 22, als er starb. Ich war 16, als ich mit meinem Kumpel Sönke wochenlang durch Europa getrampt bin und er am Strand von Cannes bei einem unserer Gespräche gesagt hat, jetzt, da wir erwachsen werden und unsere Unschuld verlieren, sprechen sie unser Land schuldig. Der war auch erst 16 und haut so einen Satz raus.

Was ich sagen will: Als Schauspieler bin ich immer an einer Geschichte interessiert, notfalls auch an der eigenen. Als ich das Drehbuch zu GUNDERMANN gelesen hatte, wusste ich, das ist mein Film! Das ist mein Land, das sind Gedanken, die sich decken, das ist eine Geschichte, die kann ich erzählen, die ist mir nicht fremd, selbst wenn ich damals mit dem Kopf ganz woanders war. Und zu allererst natürlich Gundermann selbst, als Figur, was für ein toller Außerirdischer! Wie verquirlt und dann wieder konsequent der redet. Wie ewig der denkt und wie plötzlich von dem dann was Philosophisches kommt. Diese lebenslangen Widersprüche! Dass der sagt, indem ich baggere, zerstöre ich die Erde. Aber ich mache Strom. Gleich dort hinten steht mein Haus, mit meinem Strom drin, ich werde buchstäblich mein Haus wegbaggern, wegen des Stroms, den ich mir und uns allen mache. Oder der Widerspruch, der Hauptwiderspruch, gegen ein System zu singen und gleichzeitig für dieses System zu spitzeln. Die Figur hat Shakespear'sche Dimensionen. Andi und Laila Stieler haben sie zehn Jahre vorbereitet. Solche Figuren werden kaum geschrieben in Deutschland. So eine Rolle kriegst du kein zweites Mal.

Hatte Dresen Sie dafür gleich im Blick? Nicht nur, dass Sie diese Osterfahrung haben, Sie sehen Gundermann ähnlich, und Sie spielen Gitarre, in Bands sogar.

Da müssen Sie ihn fragen. Auf jeden Fall hatte ich ihn im Blick. Dresen ist 'n Guter, das wusste ich. Ich kannte ihn auch flüchtig. Wir waren uns mal auf dem Filmfestival in Dubai begegnet. Dann hieß es, er will Gundermann drehen, ohgott, dachte ich mir, diese Ostbacke. Aber ich habe mir, wegen Dresen, meinen ersten Gundermann-Song angehört, GRAS, der stand bei YouTube ganz oben. Sound, wie gesagt, furchtbar – doch das Lied an sich, und wie der Typ es sang, und immer wieder wächst das Gras, dieses Russische, da ging auf einmal eine ungeheure Weite auf, die kannte ich vorher nicht. Ich habe mich sofort hingesetzt und Dresen ein Memo geschrieben und ihm gesagt, wie es ist: Pass auf, ich habe um den immer einen Bogen gemacht. Aber gerade eben habe ich den ersten Gundermann-Song meines Lebens gehört, und lieber Andreas Dresen, ich weiß nur eins, den Typen spiel ich dir mit allem, was ich habe.

Heißt, Sie sind leichter Hand und voll eingestiegen, fast wie von Gundermann gesteuert, der in Bezug auf sich plötzlich öffnende Türen sagte: Man muss wach sein in der Sekunde, nicht vorher schon an der Wand herumkratzen oder nachher an der verriegelten Klinke rütteln.

Da hat er recht, deine Antenne muss auf Empfang stehen. Tatsächlich traf sich Dresen relativ schnell mit mir, im Pasternak in Prenzlauer Berg, gleich erste Januarwoche 2017. Ich erschien natürlich leicht zu spät, aber nicht unvorbereitet. Ich hatte schon ein bisschen Gundermann-Slang drauf, ich hatte eine Brille wie er, und ich hatte mir auch Zähne gebastelt.

Das trugen Sie alles?
In der Tasche. War ja ein Essen. Wir haben Borschtsch gegessen, geredet und uns beschnuppert.

Und weiter? Es gab doch sicher ein Casting?
Erstmal nicht. Es stand irgendwie immer bevor, ich war im Spiel, aber er ließ nichts gucken. Und dann passierten so seltsame Sachen. Kollegen meinten, jetzt, wo du im Rennen bist, brauchen wir gar nicht erst anzutreten, du musst Gundermann spielen, wer denn sonst. Der Schreitmüller von Arte raunte verschwörerisch: Na, das machen wir doch. Ich war offenbar der Einzige, der nicht wusste, was lief. Dresen und ich trafen uns Ende Februar zwischen zwei FAUST-Proben noch einmal im Ballettsaal der Volksbühne, spielten Gitarre und sangen zusammen. Aber immer noch keine Ansage. Und weil ich so unruhig herumtänzelte, sagte irgendwann Karen Wendland, seine Casterin, weißt du, er hat seit zwanzig Jahren dieselben Leute in seiner Crew, das ist wie eine Familie, er braucht Zeit, ehe er sich für einen Neuen entscheidet. Gut, schließlich Mitte Mai doch noch ein Casting. Ich war als Vorletzter an der Reihe. Jetzt folgt nur noch Elyas M'Barek, lachte Andi bei meiner Verabschiedung, da wirst du's schwer haben. Ich mag seinen Humor. Wer auch immer der Letzte gewesen ist, eine Stunde später, ich saß noch in der Maske, kommt Andi rein und sagt: Ich mache jetzt etwas, das ich noch nie gemacht habe, ich sage gleich hier, lieber Alexander, du bist es! Gundi, herzlich willkommen! Das war dann wirklich eine Erlösung. Halleluja!

Aber damit wurde auch ein grundlegendes Problem akut. Andi wollte Anfang Herbst mit den Dreharbeiten beginnen, und ab jetzt tickte die Uhr. Das könnte verdammt knapp werden, ich steckte mitten in unserer letzten Volksbühnen-Spielzeit. Die FAUST-Premiere war ja erst der Auftakt zum Schluss-Marathon, danach standen nochmal alle Castorf-Klopper auf dem Programm. Die sind alle nicht unter sechs Stunden zu haben, und in den meisten spielte ich mit. Das hieß also nochmal Hochleistungssport, drei Monate Lichthupe Vollgas. An Gundi war da nicht zu denken. Die letzten zehn Tage waren das Härteste, was wir je gemacht haben. Es war herrlich! FAUST auf FAUST, zwischendurch ein Gastspiel in Athen mit zwei SPIELERN, zurück in Berlin zweimal die KARAMASOWS durchbrettern, am nächsten Tag meinen allerletzten SPIELER, und noch einen MOLIÈRE hinterher. Ich war noch nie so zerstört, ich hatte schon Ausschlag in der Fresse, wirklich, der Körper sagt, hör auf, du bist überm Limit. Wir sind rausgekrochen aus der Bude. Und dann noch die Abschlussfeier, Rio Reiser, 4000 Leute singen im Regen: Für immer und dich! Volksbühne, ich werd' dich nie vergessen …

Mussten Sie nicht noch zum Theaterfestival nach Avignon?
Ach ja! Das auch noch. Fünf Mal Bulgakows MOLIÈRE, danach war meine Stimme endgültig im Eimer. Danke, Scheer. Ja, tschüß Frank. Ich wollte mit meiner Freundin dort unten in Südfrankreich noch eine Woche Urlaub machen, aber ich war nicht zu genießen, ich hab viel getrunken und viel genölt, ich war völlig durch den Wind. Ich wusste, mir blieben weniger als acht Wochen für den Gundermann, das war eigentlich nicht zu leisten. Nicht in der Art, wie ich normalerweise arbeite. Ich zitiere mal Daniel Day-Lewis, als der von Spielberg gefragt

Alexander Scheer und Andreas Dresen

wurde, ob er ihm nicht den Lincoln spielen wolle: Okay, sagte er, gib mir ein Jahr Vorbereitung. Im Film selbst denkt man dann, der sieht so aus wie Lincoln. Der sieht aber nicht so aus. Der ist auch gar kein so großes Produkt der Maske. Der hat sich diesen Typen in dem Jahr komplett antrainiert.

Wie macht man das, wie machen Sie es? Erklären Sie es bitte im Detail. Andere zeigen letztlich immer ihr Gesicht, Sie zeigen mit verblüffender Deckungsgleichheit das der jeweiligen Figur, vor Gundermann das vom Geiselnehmer Degowski, davor das von den Musikern Keith Richards und Blixa Bargeld, vom jungen Nietzsche, von Weinrich, dem Mann an der Seite des Terroristen Carlos …

Gundermann ist mein 7. Samurai. Meine siebente biografische Rolle. In der Hinsicht habe ich also eine gewisse Erfahrung. Nehmen wir Degowski, du trainierst (Scheer legt sich, während er weiterredet, die Haare nach hinten und klappt sie wieder vor, so dass er auf einmal einen ungepflegten Pony hat, dazu stiert er mit leerem Blick, seine gesamte Physiognomie scheint plötzlich eine andere, erschreckende geworden zu sein), du trainierst die Gesichtsmuskeln. Du fragst dich: Wie sieht der eigentlich aus? Warum sieht der so aus? Wie spricht der? Warum spricht der so? Das übst du alles. Und das kann dauern. Gladbeck wurde im Sommer vor dem Gundermann-Sommer gedreht. Ein halbes Jahr davor, in der Weihnachtszeit, saß ich schon vorm Rechner und hab recherchiert. Ich hatte mich geschminkt, mir dunkle Augenringe und einen dunklen Bart gemacht, mir eine Lederjacke angezogen und eine Pistole gegriffen, so saß ich da und hab mir Degowskis Interviews hin- und hergespult. Meine Freundin kommt nach Hause und sagt: Was machst du denn, Chico, es ist Weihnachten. Ja, ich weiß, aber ich hab 'n Casting in drei Tagen. Auf Blixa hab ich mich sechs Wochen vorbereitet, für nur drei Drehtage. Bei Weinrich war's schwieriger, der war Terrorist im Untergrund, von dem hast du, wenn's hochkommt, drei Fotos, du musst dich durch Bücher wühlen, was lässt der Mossad durchblicken, was die CIA, das ist wie vergleichende Literaturwissenschaft und dauert ewig. Mein Vorgehen ist ungefähr so effizient, wie die DDR-Wirtschaft gewesen ist, aber hier ist der Punkt: Es rechnet sich nur, wenn man nicht rechnet.

Sie meinen: Verschwendung von Zeit und Hirnkapazität, die sich im Spiel auszahlt?
Richtig. Wenn ich wochenlang recherchiere, hat das mit den Filmszenen erst mal nichts zu tun. Aber gerade bei diesen biografischen Rollen muss ich mein Material im Schlaf beherrschen. Es muss in den Körper, und dazu muss es zuerst in den Kopf. Ich muss alles wissen, damit es im entscheidenden Moment, zwischen Action und Cut, wieder vergessen ist. Wenn die Kamera läuft, brauche ich nicht mehr über Sprachmelodie oder Körperhaltung nachzudenken, die Transformation hat vorher stattgefunden. Ich kann intuitiv auf die Sachen zugreifen, und ein anderer Mensch wird sichtbar: Das bin immer noch ich, aber ich agiere in einem fremden, mir inzwischen selbstverständlichen Modus.

Wie sind Sie, da nun bei GUNDERMANN dieses Bimsen aufgrund der unabänderlichen zeitlichen Umstände nicht möglich war, vorgegangen?
Ich musste Prioritäten setzen. Natürlich hatte ich mir schon während des Volksbühnen-Wahnsinns Material besorgt, sämtliche Platten, die Noten, den Interviewklassiker von Schütt und alles Mögliche aus dem Netz. Jetzt musste ich an die Leute ran. Ich bin erst mal zu Gabi gefahren, einem Superfan aus Köpenick, die hatte jede Menge Videos. Gundermann bei der jungen Anne Will im SFB, eine Ostdoku über die *Brigade Feuerstein,* obskure Konzertmitschnitte, Zeug, das sonst niemand hat. Komm, hab ich gesagt, kopier' mir mal deine Festplatte. Dann wollte ich zu Conny Gundermann. Bin ich auch. Aber vorher zu Petra Kelling und Richard Engel, dem Gundi-Dokumentarfilmer, damit ich wusste, was ich von Conny wissen wollte – es galt, konzentrische Kreise zu ziehen, wie bei einem Stein, den man ins Wasser wirft, nur dass die Wellen von außen ins Zentrum laufen. Sechs Tage vor Drehbeginn war ich an diesem zentralen Punkt, denn Hugo rief an, der Gitarrist der *Feuersteine:* Er schickt mir jetzt die Baggertapes, acht Stück à 30 Minuten. Gundi hatte ja auf dem Bagger immer sein Diktaphon dabei, er hat Textideen draufgesprochen, neue Akkordfolgen probiert, irgendwelches Zeug gequatscht, aus der Birne direkt aufs Band. Da ist er ganz bei sich. Näher kommst du nicht an ihn ran. Jede Nacht liefen bei mir diese Bänder. Ein Spruch hat es sogar noch ins Drehbuch geschafft, einer dieser Geistesblitze aus der Baggerkanzel, er lautet: Ich bin ein Verlierer. Ich habe aufs richtige Pferd gesetzt, aber es hat nicht gewonnen.

Das Drehbuch umfasst über 100 Seiten und enthält knapp 140 Szenen, nur in zweien sind Sie nicht dabei, außerdem erzählt es keine lineare Geschichte, sondern führt quer durch die Zeiten, vermutlich auch nicht ganz einfach.
Moment, gleich. Da sind noch die Äußerlichkeiten, die muss man beizeiten klären, an die muss man

sich ja noch gewöhnen, Brille, Zähne, Nase, Zopf. Nehmen wir die Zähne: Gundi hat langes Zahnfleisch und große Zähne, die Lippe steht hoch. Kann man spielen. Mache ich auch. Aber eine Zahnprothese wäre trotzdem hilfreich. Gut, wurde genehmigt. Sie musste mehrmals angepasst werden, und als sie saß, ging keine Luft durch, die S-Laute kamen beim Sprechen viel zu trocken. Haben wir diese Leiste also angebohrt, und ich habe zwei Wochen damit beziehungsweise da hindurch gesprochen, beim Einkaufen, überall. Oder die Brille: Ich wollte unbedingt ein originales Gestell, genau so eins, wie Gundermann es getragen hat, es kam aber dreimal nur ein ähnliches. Nun hat die Sabine Greunig, unsere wunderbare Kostümbildnerin, noch ein paar andere Sachen zu tun, als dem Herrn Scheer die richtige Brille aufzutreiben, die muss für den ganzen Dreh 400 Komparsen einkleiden. Das richtige Gestell wurde schließlich bei einem alten Optiker in Rathenow besorgt. Wir haben Gläser mit Stärke reingesetzt, zum Ausgleich habe ich Kontaktlinsen getragen, damit die Augen kleiner werden. Oder, am aufwendigsten, die Nase: Die steht bei Gundermann hoch wie ein Jens-Weißflog-Gedächtnis-Schanzentisch, wie kriegt man das hin? Ich experimentierte mit Suralin, aber es funktionierte nicht. Unsere Maskenhospitantin gab sich unendliche Mühe, die brachte Piercingstahl an, drehte und schliff kleine Stifte und versah die Enden, damit sie nicht zu sehr in der Haut bohrten, mit Plastilin, ich hab mir die Dinger jeden Morgen mit einer Zange reingedrückt und jeden Abend wieder rausgezogen. Und zu den Masken- und Kostümproben in Babelsberg kamen noch Band- und Leseproben, und dann waren wir noch eine Woche im Studio – und auf einmal ist Freitag, und Montag ist Drehbeginn, und ich denke, verdammt, jetzt brauchst du dich auch nicht mehr mit den Szenen zu beschäftigen. Ich musste mich einfach entscheiden: Schaff ich mir den Gundi richtig drauf, oder kann ich das Drehbuch auswendig.

Im Grunde eine Volksbühnen-Situation. Bei Castorf war der erste Durchlauf oft die Premiere, sein berühmtes Arbeitsprinzip Überforderung, fühlten Sie sich daran erinnert?
Bei Castorf haben wir jede Szene nur einmal geprobt, und dann sind wir nach fünf Wochen rausgerannt und haben die Premiere gespielt, ohne zu wissen, wie lang das Ding überhaupt wird. Hier war's fast schlimmer: 140 Szenen in 40 Tagen quer durch zwei Zeitebenen, dazu 18 Songs, und alles als Gundi, wie soll ich das machen? Aber ich sagte mir, ich komme aus dem Stahlbad von Frank, ich mache das jetzt nicht anders als die 15 Jahre bei ihm, ich gehe offen in den Dreh wie in eine Probe, nehme mir das Buch und gucke, welche Szene ist gerade dran. Es deckte sich aber noch etwas. Fast war es eine Fügung: Meine Überforderung verschwamm mit der Gundermanns. Dessen ständiges Hin- und Herfahren, die drei Schichten auf dem Bagger, die Konzerte, die Familie …

… die berühmten drei Stunden Schlaf …
… seine drei Stunden, die während des Drehs auch meine wurden. Ich hab nachts die Szenen und die Songs für den nächsten Tag vorbereitet, das ging meistens so bis halb vier. Um sieben war Abholung zum Set – aber das alles wurde noch getoppt, denn plötzlich ereignete sich ein Desaster.

Was geschah?
Vor jedem Film schreibe ich meine Erkenntnisse und Ideen in ein Notizbuch. Ich kritzle auch viel auf die Skriptseiten. Bei Gundermann war es zum Beispiel so, dass in den offiziellen Songbüchern hier und da die Akkorde nicht ganz stimmten, das hatte ich beim Üben herausgefunden: Ist ja gar nicht Fis,

Alexander Scheer bei der Maskenprobe in Babelsberg, Herbst 2017

ist H und dann Kapo im 2. Bund. Oder: Wie funktioniert eigentlich so ein Großraumbagger, wie ist er aufgebaut, Schaufel, Radausleger, Führerstand, Verladeband, sowas kam in mein Buch, die vielen lebensnotwenigen Details. Und mit einem Mal, in der zweiten Drehwoche, ist alles weg. Die vollgeschriebenen Skriptseiten und das Büchlein – verschwunden. Kann passieren am Set, bei jeder Kameraeinstellung wird ja umgeräumt, Dresen hat deshalb immer nur die Drehbuchseiten, die er am jeweiligen Tag braucht, dabei. Aber ich hatte jetzt gar nichts mehr. Das ganze Geschreibsel für die Katz. Und da hab ich mir gesagt, Baby, das ist ein Zeichen, lass sausen, spring und schwimm.

In dem Zusammenhang ein Zitat von Gundermanns Tochter Linda während eines Drehs im Frannz-Club, wo Sie dieses leise Geburtsfeier-Lied gespielt haben: »Jetzt komm die fetten Tage, Linda. Wir ham so lang auf dich gespart. Was solln wir euch sagen, Kinder, die Alten sind nochmal am Start.« Linda also hat, als Sie sangen, erklärt: Ich schaue wie durch ein Zeitfenster. Ich habe Papa lange nicht mehr gesehen.

Das ist sehr, sehr schön. Ein tolles Kompliment.

Haben Sie jene 18 Songs eigentlich alle live gespielt und gesungen, oder kamen Playbacks zum Einsatz?

Wir waren uns von Beginn an einig, dass wir die Songs neu einspielen und ich sie auch alle singe. Dresen sagte, wir müssen rechtzeitig ins Studio gehen und sie aufnehmen, weil wir mit Playbacks arbeiten. Damit war ich aber überhaupt nicht einverstanden. Das war ein richtig kontroverser Punkt. Andi, sage ich, ich komme von Castorf, von den Live-Kameras, vom Augenblick, in dem durch Machen was entsteht – jetzt muss ich mal wieder ausholen, Einzirkelung durch Abschweifung: Vor den Dreharbeiten zu dem Punk-Film von Oskar Roehler, in dem ich Blixa Bargeld spielte, war Berlinale. Ich guckte mir die Nick-Cave-Dokumentation an, THOUSEND DAYS ON EARTH, da gibt es in dem verwunschenen abgelegenen Haus in dem holzvertäfelten Studio eine Szene, in der Nick Cave mit HIGGS BOSON BLUES beginnt, am Klavier. Das geht ewig auf zwei Akkorden. Hinten wartet der Drummer auf seinen Einsatz. Noch nicht, bedeutet ihm Nick Cave. Immer noch nicht. Immer weiter die zwei Akkorde. Mensch, denke ich, wie lange noch, das Ding kriegt er doch nicht mehr zu fassen. Und auf einmal kochen sie's hoch, und der Song bricht los, und er reitet das wilde Biest. Pure Magie. Ich bin danach hin zu ihm und hab ihn um ein Autogramm gebeten, für Tom Schilling, der in dem Punkfilm auch mitspielt und der ein riesiger Nick-Cave-Fan ist und an diesem Tag Geburtstag hatte;

ich mach sowas normalerweise nicht. Als Köder hab ich gesagt: I'm going to play Blixa Bargeld in a movie. Da sagt er: Oh wait, yeah, I can see that. Und ich sag weiter: Ich hab heute in dem Film was Entscheidendes gelernt: Music and Moment! Und er guckt mich an und sagt: Yeah, you really can play Blixa. Kurzum, ich versuchte, es Andi schmackhaft zu machen, dass wir, wenn wir es schaffen, einen Moment einzufangen, wo wirklich live Musik entsteht und man sieht, was man hört, dass wir dann, auch wenn sich mal einer verspielt, was Stärkeres haben als ein perfekt gemimtes Playback. Andi hatte, logisch, seine Argumente, und die habe ich auch verstanden. Er hat natürlich recht, wenn er sagt, wir haben eine gigantische Logistik, immer läuft die Zeit, die große Bühne in Weißensee ist gemietet, man kann nicht einen Tag lang verkabeln und vorbereiten, man muss Playback einsetzen.

Aber? Es schwingt doch ein Aber mit bei Ihnen.
Ich frage ihn: Kann ich nicht wenigstens live singen? Haben wir gemacht, darauf er: Du phrasierst immer anders. Ich: Ist der Moment. Er: Kann ich aber nicht schneiden, ist Film. Ich: Okay, aber wenn ich jetzt allein mit der Akustischen im Studio sitze und GRAS spiele, was soll ich denn da mit Playback, lass mich doch wenigstens das live machen. Wieder er: Ändert nichts, ich kann es nicht schneiden. Wieder ich: Andi, ganz praktisch, du sitzt abends mit Kameramann und Produzenten unten in der Lobby und trinkst Bierchen, und ich sitz oben auf Stube und zieh mir den Song für den nächsten Tag rein, ich muss den sowieso lernen, Text, Akkorde, aber wenn ich dazu noch lernen muss, synchron zum Playback zu spielen, Rhythmus, Phrasierung, da brauch' ich doppelt so viel Zeit, bitte, bitte lass mich.

Und wie ist es ausgegangen?
Gut, sehr gut. Wenn wir die Playbacks im Kasten hatten, durfte ich ein-, zweimal live ran. Und da können Sie jetzt raten, welche Version Andi im Endeffekt genommen hat …

Ich denke mir gerade, Sie sind so geprägt von der Castorf'schen Volksbühne, dass Sie es schwer haben außerhalb dieser gewesenen, gefluteten Insel und dass es mit Ihnen auch nicht ganz einfach ist, richtig?
Ich bin leider komplett versaut. Aber sagt ja auch keiner, dass man sich's mit der Kunst leicht machen soll, oder? Ich kann mir kaum noch Theater angucken, so Standbein-Spielbein, diese handwerkliche Herstellung mit Sicherheitsnetz drunter kann ich nicht mehr ernst nehmen. In der Volksbühne sind wir immer in Echtzeit eskaliert. Die Erschöpfung war real, und die Überforderung auch, das hatte dann fast schon wieder was Dokumentarisches. Du bist in der sechsten Stunde der Vorstellung, und da spielst du das Stück nicht mehr, es spielt dich. Du hast das Gesicht von Kathi Angerer nah vor deinem, und es leuchtet auf einmal vor purer Schönheit, nach sechs Stunden Verausgabung. So etwas geschieht beim Filmen nicht.

Sie haben hier immer das Gefühl, weit vom Maximum entfernt zu bleiben?
Das nicht. Aber beim Film stellt sich das Maximum eben erst im Schnitt her. Die Befriedigung beim Spielen ist eine andere, die Euphorie kommt portionierter. Du puzzelst dich so rein, du weißt, du wirst Teil eines filmischen Sogs sein, aber du kannst ihn körperlich nicht eins zu eins erfahren. Oder noch anders, wie sagte Brian De Palma: Die Kamera lügt vierundzwanzigmal in der Sekunde. Alles wird hingebaut, und du wartest auf deine zwei Minuten. Das hat natürlich auch was. In den

zwei Minuten voll da zu sein und 'ne Punktlandung hinzulegen, das kann ein Kick sein. Aber eigentlich will ich das Biest reiten. Ich will fliegen, oder, um es mit Castorf zu sagen, mein Körper soll eine Abhebung erfahren. Das hast du im Film so gut wie nie, im Theater manchmal – und beim Rock'n'Roll spätestens bei der Zugabe.

Sie spielen selber Rock'n'Roll, darauf kommen wir noch, aber im Zusammenhang mit den Ansprüchen und dem Abheben noch eines: Letzten Winter hieß es nach einer Premiere in der von Dercon übernommenen Volksbühne, ein Castorf-Schauspieler habe irgendwann aus dem Publikum heraus gerufen, spielt doch endlich mal jetze, waren Sie das vielleicht?
Schon möglich. Wobei wir uns damit aber nun wirklich von Gundi Gundermann entfernen …

Finde ich nicht. Gundermanns Grundthema nach der Wende war, wie es sich lebt in einer Heimat, die einem gewissermaßen unterm Arsch weggezogen wird, er hat vor 25 Jahren ausgedrückt, was zuletzt Ihnen widerfahren ist.
(Einschub, wir führten das Gespräch Anfang April 2018, kurz darauf war Dercon weg. Wir telefonierten. Was machen wir jetzt mit den Passagen, in denen es um ihn und seine Leute und seine Haltung geht, streichen wir sie? Wirken sie nicht wie ein Nachtreten? Aber sie sind weiterhin gültig! Was da steht, hat sich nicht geändert. Lassen wir es drin.)
Stimmt, Sie haben recht, ich hab mit der Volksbühne zum zweiten Mal meine Heimat verloren, da stand ja auch »OST« drauf. Und das Schlimmste ist, die Wegreißer und Übernehmer verstehen gar nicht, wo sie sind und was sie tun. Nach der erwähnten Premiere hat man doch an der generellen Existenz von intelligentem Leben im Universum zweifeln müssen! Ich sag zu Dercon, hör mal, das ist das blödeste, belangloseste Zeug, das ich je auf dieser Bühne gesehen habe, und er guckt so, dass du merkst, der findet toll, was er produziert – und da setzt bei dir die wahre Ohnmacht ein. Du kannst diesen Leuten überhaupt nicht erklären, was sie anrichten. Es prallt an ihnen ab. Sie begreifen es nicht.

Manchmal, schreibt Handke, wünsche ich die Tyrannei von früher zurück. Die Teufel seinerzeit wussten wenigstens, dass sie Teufel waren. Die heutigen Teufel dagegen spielen Engel …
Das ist es. Du kriegst sie nicht zu fassen. Es herrscht Nettigkeit bei ihnen, aber es weht ein eiskalter Wind. Ein Gegenstück mal, Scorseses GANGS OF NEW YORK, ich mochte darin eine Szene: Wie das Schiff mit den irischen Einwanderern einläuft und am Kai schon die ansässigen Typen stehen und ihre Ketten schwingen und rufen, heute Abend um sieben, wir veranstalten 'ne schöne Schlägerei bei den Five Points, mal gucken, ob ihr klarkommt. Oder die elegantere und doch auch konsequente Variante: Wien, wenn du dort Cappuccino bestellst und nicht Mélange, wirst du gar nicht erst bedient: Ja da gemma wiada, der Hearr! Haben wir im Osten nie gemacht. Hatte keiner gelernt. Dafür so ein unbeugsamer Wille zum Verständnis, so eine hochentwickelte Ausdauer im Geschehenlassen. Auch Gundermann war ja nicht radikal in seinen Songs. Ich fände es wirklich interessant, ihn heute zu erleben. Ob er vielleicht deutlich schärfer geworden wäre im Lauf der Zeit.

Auch Dresen gilt als sanft und freundlich. Wie war für Sie der Dreh mit ihm, mal abgesehen davon, dass Sie sich wegen der Songs gezofft haben?
Nur aus Liebe zum Film. Einmalig war es, und das meine ich im Wortsinn: Ich habe noch bei keinem

Dreh zuvor erlebt, dass man sich so auf seine Arbeit konzentrieren kann. In der Regel hat man ja eine zusammengewürfelte Truppe. In der gibt es immer Eitelkeiten und Positionierungskämpfe, immer denkt jemand, jemand anderem was beweisen zu müssen. Fiel hier weg. Kennen sich ja alle schon ewig. Jeder macht uneitel seins. Und Dresen hat, auf seine wirklich sanfte Art, das Team absolut im Griff. Da ist doch bei GRAS die Stelle: »Vater gab mir seinen Mantel und seinen blauen Hut.« Andi fällt ein, natürlich, der Vater sollte, wenn er auftritt, einen blauen Hut haben, muss ich der Kostümbildnerin sagen. Und dann kommt der Vater also mit blauem Hut in die Kneipe. Aber zwei Wochen später drehen wir, wie er tot ist und wir in seine Wohnung gehen, und da fragt Andi, wo haben wir denn seinen Mantel, wo seinen blauen Hut, das muss doch hier an der Garderobe hängen. Und die Greuni sagt, ohweh, habe ich schon wieder nach Babelsberg geschickt. Castorf wäre geflippt in dem Moment. Aber Dresen: Okay, Hut nicht da, bist gefeuert, weiter. Das war wieder sein Humor. Niemand wurde gefeuert. Er sagte sich: Ändert nichts, wenn ich jetzt verrückt spiele, Eskalation an der falschen Stelle nützt keinem, drehen wir einfach weiter, was hier für'n Hut hängt, ist so wichtig nun auch nicht. Das fand ich ziemlich stark. Für die Sachen dagegen, die er wirklich braucht, kämpft er unnachgiebig, da hört er auch nicht auf zu drehen, bis er sie hat. Symptomatische Szene: wir auf dem Bagger. Die Kumpel da sind wirklich Kumpel. Die waren so geduldig und großmütig mit uns. Dann weist Andi mich aber an, du müsstest jetzt baggern. Und auf einmal sagt der Kumpel, der aufpasst, nee, das ist nicht abgesprochen, der hat doch keinen Baggerschein. Es war nur so halb abgesprochen, Schaufelrad dreht sich, Scheer steuert. Und nun wieder Dresen so geschickt unschuldig: Hm, ist aber schade, was können wir denn machen? – Naja, warte mal, wir könnten … Auf die Art hat er den Kumpel kommen lassen. Und am Ende hab' ich gebaggert.

Was haben Sie empfunden während des Baggerns?
Etwas ungeheuer Physisches. Etwas Existentielles. Du bist in dieser Mondlandschaft 400 Meter unter Straßenniveau. Das Ding, in dem du sitzt, ist 70 Meter lang und 40 Meter hoch und wiegt 4000 Tonnen. Jetzt fahr das mal. Auf einmal spürst du die gigantische Kraft. Allein, wie es zu vibrieren anfängt. Wie es greift und die Millionen Jahre alte Kohle rausbricht, es kann sich keiner vorstellen, was da mit einem geschieht.

Entsteht ein Gefühl von Macht?
Aber logisch. Es gab doch diesen harten Winter, 1978, als Gundermann gesagt wurde: Geh bitte auf deinen Bagger und mach Strom, und mach schnell, es ist wichtig, es wird sonst dunkel im Land. Na klar (Scheer streckt die Brust raus) gehst du so durchs Leben. Macht besteht auch darin, gefragt zu sein.

Warum, meinen Sie, hat er noch weitergebaggert, als er es aus finanziellen Gründen längst nicht mehr gemusst hätte, deswegen?
Weiß ich nicht. Ich kann ihn spielen, aber nicht für ihn reden. Was ich aber weiß, weil ich es selbst erfahren habe: In der Baggerkanzel sitzt du wie in einem Aquarium, wie in einer Raumschiffkapsel. Du bist allein. Nach zwanzig Jahren mit täglich sechs Stunden Arbeit hast du die Handgriffe intus, die blanke Monotonie …

… die Sie nun aber nicht erfahren haben …
… nein, aber immer wenn die anderen unten ihre Mittagspause eingelegt haben, bin ich in die Kanzel und hab gesessen und geguckt, so lange wie möglich wollte ich dort drin sein in diesem gläsernen Raum, und je länger ich saß, umso besser verstand

ich seine ganzen verwobenen Gedankenkonstruktionen. Jeden Tag das Monotone und Abgeschlossene und gleichzeitig Überblicksmäßige – da befreist du dich völlig im Kopf. Da geht dein Geist auf Reisen.

Insofern gilt sogar für Gundermann der Satz des großen Shakespeare-Schauspielers Kean, den wiederum Sie gespielt haben: Es gibt keine Trennung von Kunst und Leben.
Eine äußerliche vielleicht. Die gab es bei Gundi. Er lebte mit getrennten Budgets. Alles, was er auf Arbeit verdiente, wurde für Essen, Miete, Kinderkleidung verwendet, und das Geld, das er mit seiner Musik einspielte, ging fürs Auto und für neue Gitarren drauf, er hat sich eine schöne Takamine gekauft, es musste schon das beste Instrument sein. Conny hat sie mir vor dem Dreh gegeben, damit ich mit ihr spielen konnte. Ich bin also derjenige, der nach fast zwei Jahrzehnten den Kasten aufmacht. Da ist ein Tonabnehmer drin, der muss versorgt werden mit einer kleinen 9-Volt-Blockbatterie, wenn du spielst, ist die nach einem Jahr durch. Diese Batterie aber, ich mach den Lecktest, die ist scharf, nach 19 Jahren. Gundermann! Baggert Strom! Der Strom ist immer noch da! In seiner Gitarre!

Die alte, ehrwürdige, jetzt unmoderne Maxime, das Brot für die Familie mit seiner Hände Arbeit zu verdienen.
Ja, und noch etwas war maßgeblich: Als er Erfolg hatte, als er Vorband von Dylan gewesen war, sagte er, ich möchte mich nicht dem Publikumsgeschmack anpassen müssen, ich möchte weiter frei sein in dem, was ich tue. Darum dann ja sogar noch die unselige Tischlerlehre. Weil er nie diese Promoscheiße mitmachen wollte. Bei BuschFunk haben sie gesagt, Mann, du hast ja nicht mal Autogrammkarten. – Brauch ich nicht. Will ich nicht. – Aber im Westen läuft es so. Wir können versuchen, Konzerte zu organisieren, nur musst du vorher bekannt werden, du solltest in die und die Talkshow. – Ich mag keine Talkshows. Ich mag nicht Klinken putzen gehen. Meine Musik ist da. Wenn sie gut ist, wird sie gehört.

Dafür muss man ihn lieben.
Auch dafür.

Nebenbei, Ihr Lieblingslied von ihm?
FLIEGENDER FISCH. In seiner Version, nicht in der von *Silly*. Er spielt diese wunderschöne Akkordfolge. Und wenn der Fisch, gegen die Natur seiner Gattung, fliegt, sagt er, sagt Gundermann natürlich, ich möchte auch manchmal anders sein, als ich gemacht bin. Damit ist er mir nahe. Er war Fisch vom Sternzeichen, und ich bin Zwilling, ich bin gern bei Menschen und bin dann auch gern wieder weg, zwei Sekunden komm ich raus zu dir, sagt der fliegende Fisch, doch bei dir bleiben kann ich nicht. Das war sein letzter Song, den er live gespielt hat, bei seinem letzten Konzert in Krams.

Er war solch ein Freigeist, im Grunde ist er ja dauernd aus dem Wasser geschnellt. Aber was er dann auch gern gewollt hat, war ein Schaukelstuhl, er war sauer auf die Kinder, weil die das dafür vorgesehene Geld kurzerhand in Schokolade umgesetzt hatten.
Wirklich, man kommt immer wieder drauf, wo man auch hinguckt bei ihm: Widersprüchlichkeit, Ambivalenz. Der rettet jeden Igel, der agitiert, der barmt regelrecht, unsere schöne Erde, wie wir sie ausbeuten und verdrecken, und dann kauft der sich mal eben 'ne fette Amischleuder und kutschiert damit rum. Und er wär natürlich nicht Gundermann, wenn er nicht eine tolle Begründung dafür gefunden hätte: Für meine Solokonzerte, da brauche ich

schon meine zwei, drei Gitarren, und die muss ich doch irgendwo verstauen, und bei meinen Schlafdefiziten kann ich mich in dem Ponti doch auch immer mal hinlegen. Mann! In Wahrheit wollte der einfach Bruce Springsteen sein! Deswegen hat der die Amikarre angeschafft. Und da kann ich ihn gut verstehen.

Sie fahren auch einen Pontiac.
Zufälligerweise, ich steh auch auf den Amischeiß. Am Set habe ich übrigens ganz bewusst, weil es zur Figur gehört, auch seinen Emaillebecher benutzt, das hatte was von dieser neuen Ökobürgerlichkeit, scheußlich eigentlich. Und dann auch wieder nicht, es war eine seltsame Vermischung der Gefühle: Auf so einem Set, beim Catering, wird ja wirklich Müll ohne Ende produziert, ich habe gerechnet, 40 Tage Dreh, pro Tag zwei Kaffee, macht 80 Plastebecher, die ich einspare. Und da hatte ich das herzerwärmende Gefühl, ich bin auf seinen Spuren, ich bin nicht so ein elender Ressourcenverschwender.

Da wir bei Parallelen zwischen Ihnen und Gundermann sind – es gibt eine interessante und geradezu erstaunliche Koinzidenz: Nicht nur er hatte seine Pistolengeschichte, sondern Sie hatten auch Ihre, ich weiß von ihr allerdings nicht mehr, als dass Sie einmal im Zug verhaftet worden sind, weil Sie bei der Fahrkartenkontrolle eine Pistole gezückt haben sollen.
Nicht gezückt. Ich weiß doch, was sich gehört … aber das ist eine lange Geschichte, wie weit soll ich zurückgehen?

Weit zur Not.
Die Band, in der ich spiele, hat als Straßencombo angefangen, ich stand am Teekistenbass, also an einer Holzkiste mit einem Loch drin, in dem ein Besenstiel stakt, an den eine Wäscheleine geknüpft ist, der du ein paar Grundtöne entlocken kannst. Häufig spielten wir auf der Brücke, die von der Hackeschen-Markt-Seite auf die Museumsinsel führt. Es lief nicht schlecht, darum hat irgendwann einer von uns in der Art der DDR-Sportreporter gerufen, im internationalen Wettbewerb brauchen wir uns nicht zu verstecken. Das wurde dann unser Name: *Der Internationale Wettbewerb*. So. Einmal die Woche, Freitag, spielten wir im Café »Moskau«, da war Poetry Slam, und wir machten zwischendurch Musik. Außerdem, und jetzt nähern wir uns schon dem Zug, produzierten wir kurze Actionfilme, AMERICAN SHOWDOWN genannt, der erste Teil noch mit Marmelade als Blut und Blitzknallern, der siebente dann mit 'ner Motorbootjagd auf der Spree. Und die kamen auf DVD. Und im »Moskau« war die Release Party. Der Teekistenbass war wieder meiner. Das Problem dabei ist nur immer, wenn du zu lange an diese Wäscheleine schlägst, haust du dir die Fingerhaut weg. Ich trug einen Camouflage-Anzug und ein weißes Hemd, das bald blutbespritzt war, und im Hosenbund hing eine Spielzeugpistole. Als, wie es immer so schön heißt, der Morgen graute, fegten wir noch den Laden aus, danach sagte ich, sorry, muss jetzt nach Hamburg, zu OTHELLO …

… ihn abends im Schauspielhaus spielen …
… genau, und Saschi, unser Gitarrist, rief, och, Hamburg, fahr ick mit. Ich: Haste Geld? Er: Nee, aber wenn der Schaffner kommt, geh ick uffs Klo. Und da saßen wir dann, und natürlich schaffte Saschi den Absprung nicht. Ich wollte nachlösen für ihn, machte 74,24 oder sowas, aber ich hatte auch nur noch einen Fuffi. Reicht, oder? In Ordnung, sagt der Schaffner. Wir nicken ein, und plötzlich das Komplettprogramm: zehn Bullen, ein Hund, Handschellen, Zack-Zack. Der Schaffner hatte die ganze

Zeit das Hemd und die Pistole angestarrt und dann die Spezialeinheit gerufen. Aber das ist ja bloß eine Räuberpistole, eine Geschichte, die mein Bad-Boy-Image genährt und mir in der Filmbranche nicht nur Freunde eingebracht hat. Liegt lange zurück. Die erwähnte Koinzidenz oder die Substanz, das zu Gundermann führende Eigentliche, steckt in Wahrheit auch woanders.

Wo?
Als Kids in der DDR waren wir ideologisch selbstverständlich auf der Seite der Indianer. Praktisch wollten wir aber lieber Cowboys sein. In den Spielzeugläden gab es jedoch keine ordentlichen Knarren, die waren Bückware. Ich erinnere mich, einmal, in dem großen Spielzeugladen auf der Frankfurter, hab ich meinen Augen nicht getraut, denn übern Ladentisch ging ein Gürtel mit Holster und Pistole. So einen wollte ich auch. Leider kein weiterer da. Fürchterliche Enttäuschung, so dass mir meine Mama, die wegen Verwandtschaft 2. Grades in den Westen durfte, eine Pistole mitbrachte. Mein Papa nähte mir aus Fensterputzlederlappen das Holster dazu. Nun war ich der King auf dem Spielplatz – und so war es bei Gundermann auch, nur dass die Pistole, mit der er stolz rumgelaufen ist, eine echte war. Und dass dadurch alles Unheil, das schon in seiner Familie steckte, ausbrach, bei den Eltern stimmte es doch hinten und vorne nicht. Der Vater kriegt Bewährung wegen unerlaubten Waffenbesitzes, und die Mutter nimmt das als Argument, sich von ihm zu trennen, so wurde das Politische vorgeschoben, weil die Ehe nicht funktionierte. Und Gundi war der Leidtragende. Der Vater – was muss der Junge mit der Pistole rumrennen! – machte ihn für alles verantwortlich und sprach niemals mehr mit ihm, nie mehr, das muss man sich anhören, wie Gundi erklärt: Es war nun so, dass der Vater immer wieder sagte, ich sei der Schuldpunkt.

Der Schuldpunkt, nicht einmal: der Schuldige.
Ja, welch Entpersönlichung. Und so etwas sollte man mitdenken, wenn man über Gundis spätere Spitzelei redet, es ist doch nicht einerlei, ob jemand einen Vater hat wie er oder einen wie ich.

Lassen Sie uns ein letztes Mal abschweifen um einzuzirkeln, erzählen Sie von Ihrem Vater.
Er war Diplom-Ingenieur. Er hat im Rechenzentrum in der Storkower Straße gearbeitet. Er ist technisch ausgesprochen versiert. Dennoch, oder gerade deswegen, war er es, der mich zur Schauspielerei gebracht hat. Ich liebte, wie jeder Junge, die Western. Im Urlaub an der Ostsee guckte ich mit ihm in einem dieser Halbsilos Karl May, den ÖLPRINZ, der fällt vom Felsen direkt aufs Pferd und reitet weiter, phantastisch. Zwei Tage später sagt mein Papa, komm, lass uns mal in einen anderen Westfilm gehen, ist erst ab 16, aber ich schmuggle dich rein. Ich dachte, der wäre mit Monstern, aber dieser Film handelt nur davon, dass jemand im Fahrstuhl festhängt, wie langweilig. Du weißt, wer das ist, fragt aber mein Vater. – Nein. – Der aus dem Cowboyfilm. – Hä? – Der mit dem Schnauzbart. Der heißt Götz George. Bis dahin hatte ich gedacht, Filme sind wahr. Ich meinte sogar, sie finden direkt hinter der Leinwand statt. Ich spüre bis heute, wie es klick gemacht hat, ach, der *spielt* das? – Ist seine Arbeit, dafür kriegt er Geld, ja. – Dann will ich das auch machen! Und weiter: Mein Papa hat mich cinematografisch erzogen, er hat mich früh gelehrt, bei Filmen Schwachstellen zu entdecken, bei diesen Sandalenschinken zum Beispiel, NERO, Cinemascope, Technicolor, die Legionäre reiten auf die Kamera zu, und er: Siehst du die Reifenspuren, die mitten durchs Bild gehen? Die sind vom Auto, das vorneweg fährt mit der Kamera drauf. Und noch weiter: Zwanzig Jahre später drehe ich mit dem verehrten Götz George, und wen oder was

spielen wir? Vater und Sohn. Und wo sitzen wir in einer Szene? Im Kino. In einer Drehpause erzähle ich ihm, wie ich damals mit meinem Vater gesessen habe und wie sich nun also ein Kreis schließt …

Sie sind sehr gerührt gerade.
Bin ich. Und Gundi, das weiß man ja, ist genauso in jeden Western gerannt, und Gundi, es liegt auf der Hand, hat der Vater gefehlt, und dann taucht einer auf, der sich in genau diese Rolle schiebt, da fließt doch alles zusammen: Endlich jemand Einfühlsames, endlich jemand, der den Cowboy in ihm entdeckt und fördert, den Ungestümen, der sich in die Bresche wirft. Nach Italien soll deine Singegruppe, kannst du wirklich für jeden von euch die Hand ins Feuer legen? – Ja, wenn wir alle fahren dürfen! Ich achte schon darauf, dass dann alle zurückkommen, ich mach das dann schon …

Ist er Ihnen auch fremd in diesem Eifer?
Im Nachhinein ist es immer einfach. Für mich ist es ganz leicht zu sagen, ich würde niemals für einen Staat arbeiten, denn ich hatte nie richtig einen. Ich bin aus dem Osten und hab deshalb eine Abneigung gegen jede Massenbewegung, gegen diese Ströme, von denen es heißt, man muss da rein. Als wir in der Gauck-Behörde gedreht haben, standen dort Ordner über Ordner, in Riesenregalen, das passt heute auf eine Terrabyteplatte, die Leute beliefern Minute für Minute freiwillig die Netzwerke, und die Geheimdienste können es sich per Knopfdruck runterziehen, der neue Eifer ist einer der kompletten Selbstauslieferung.

Heißt, Sie sind nicht bei, sagen wir, Facebook.
Nein. Auch kein Twitter. Kein Instagram. Nichts. Auf YouTube stell ich mein Zeug drauf. Aber kein Spotify, zuviel Werbung, ich bin nicht bereit, dafür zu bezahlen, dass sie mir nichts verkaufen.

In diesem Sinne, wir könnten Schluss machen jetzt, ich glaube, wir haben alles im Kasten.
Legen wir noch 'ne Gundermann-Scheibe auf; und was zu trinken wäre nicht schlecht, oder?

Szenenfotos aus dem Film

Alexander Scheer als Gerhard Gundermann

Anna Unterberger als Conny Gundermann

Axel Prahl als Führungsoffizier und Alexander Scheer

Horst Rehberg als Vater von Gerhard Gundermann

Bjarne Mädel als Parteisekretär, Alexander Scheer sowie Peter Sodann als Veteran

Bjarne Mädel, Hilmar Eichhorn als Werner Walde, Milan Peschel als Volker, Alexander Scheer, Peter Schneider als Helmut und Eva Weißenborn als Helga

Alexander Scheer und Anna Unterberger

Benjamin Kramme
als Wenni und
Alexander Scheer

// 151 //

Anna Unterberger und Alexander Scheer

Alexander Scheer und Milan Peschel als Volker

Thorsten Merten als Puppenspieler

Alexander Scheer

Drehort Tagebau Nochten, Herbst 2017

Alexander Hörbe als Angestellter der Gauckbehörde und Alexander Scheer

Alexander Scheer

Alexander Scheer und Kathrin Angerer als Irene

Alexander Scheer und Eva Weißenborn als Helga

Alexander Scheer und
Anna Unterberger

Alexander Scheer

Mika Amsterdam als Mario (links) und Steffen Lehmann (rechts) als Andy von der Band *Die Seilschaft* sowie Alexander Scheer (Mitte)

Wir wollen die Deutungshoheit über unsere Biografien zurück!

Andreas Dresen im Gespräch mit Birk Meinhardt

Haben Sie Gundermann persönlich kennengelernt?
Nein. Ich war auf seinen Konzerten, das erste Mal 1988. Christoph Schroth hatte ihn und die *Brigade Feuerstein* gebeten, bei einem großen Abend im Theater Schwerin mitzumachen, da war er der Frontmann – und es war, ehrlich gesagt, nicht gut. Weil er und die Band nicht richtig zueinander fanden. Später habe ich erfahren, welche Spannungen es innerhalb der Truppe gab, das war die Zeit vor der Trennung. Man sah: Dieser Gundermann ist ein interessanter Typ mit tollen Songs, aber er ist mit dem falschen Paket unterwegs.

Haben Sie seinen Weg in der Wendezeit verfolgt, sind Sie gewissermaßen bei ihm geblieben, oder sind Sie viel später wieder zu ihm gestoßen?
Mein Kameramann Andreas Höfer war mit ihm befreundet, hat auch ein Video mit ihm gedreht. Solche indirekten Bezugspunkte gab es mehrere. Und als er 1992 mit der *Seilschaft* zu spielen begann, bin ich regelmäßig zu den Auftritten gegangen, wie ich das auch bei Konzerten anderer Bands gemacht habe, ich habe zum Beispiel jede Tour von *Pankow* gesehen. Ich mochte einige Musik aus dem Osten ja nach wie vor. Und grundsätzlich bin ich ein treuer Mensch. Bei Gundermann kam hinzu, dass er zwar Sänger und Songschreiber, aber eben auch eine Arbeiterfigur war. Eine absolute Ausnahme.

Wie haben Sie reagiert, als herauskam, dass er für die Stasi gearbeitet hat?
Wie sicher viele andere Fans auch. Ich habe mich gefragt: Wie konnte das bloß passieren? Im Grunde wurde er für mich durch diese Verstrickung aber noch interessanter. Man versucht ja als Außenstehender, das Bild, das man hatte, und die Realität irgendwie in Kongruenz zu bekommen. Bei näherer Beschäftigung merkt man dann: Auf eine seltsame Art passt das schon.

Inwiefern passt es?
Diese Stasi-Mitarbeit war Teil seiner konsequenten Lebenshaltung als junger Mann und als Kommunist. Er wollte dieses System und die dahinterstehende Idee, und er war bereit, dafür alles in die Waagschale zu werfen. Er war auch naiv und hatte Flausen im Kopf. Ein männlicher Tamara Bunke wollte er werden …

Andreas Dresen, Herbst 2017

… die junge Frau aus Ost-Berlin, die sich in Bolivien Che Guevaras Trupp angeschlossen hatte …
… großer heldenhafter Auslandskundschafter. Es blieb bei einem kläglichen Versuch.

Wurde er für Sie, als er sich offenbaren musste, zu einer filmischen Figur?
Ja und Nein. Das Outing geschah in der ersten Hälfte der neunziger Jahre, und da hatte ich gerade zwei DDR-Filme gemacht, STILLES LAND und DAS ANDERE LEBEN DES HERRN KREINS. Ein dritter, RAUS AUS DER HAUT, folgte. Die drei waren unterschiedlich gelungen, aber eins hatten sie gemeinsam: Beim Publikum haben sie überhaupt nicht funktioniert. Die Leute im Osten hatten damals anderes im Kopf, als sich mit der DDR und der Wende zu befassen – sie wollten alles das doch hinter sich lassen, sie waren vollauf damit beschäftigt, in die neue Lebenswelt zu finden. Im Westen wiederum sagten sich die Leute, das hat nichts mit uns zu tun. Das müssen wir uns nicht angucken. Darum habe ich mir nach RAUS AUS DER HAUT gesagt, ich komme an dieser Stelle nicht weiter. Es ist offensichtlich nicht die Zeit für differenzierte Betrachtungen, und nur die interessieren mich, also lasse ich die Finger von dem ganzen Thema. Im Grunde habe ich mir diesbezüglich Schweigen verordnet. Zumal ich auch nicht derjenige sein wollte, der dauernd mit DDR-Stoffen daherkommt. Man kann durchaus andere Geschichten erzählen und dabei seinem Herzen folgen. Ich orientierte mich in Richtung Sozialdrama und machte DIE POLIZISTIN, NACHTGESTALTEN, HALBE TREPPE. WILLENBROCK, 2004, spielte dann zumindest die Nachwendeklaviatur.

Der Beginn einer Wiederannäherung?
Laila Stieler und ich fingen an, über Gundermann zu reden, auf langen Spaziergängen. Und dann wurde die Sache für uns akut. DAS LEBEN DER ANDEREN kam in die Kinos. Wir merkten, wir überlassen die Deutungshoheit über das, was wir erlebt hatten, denjenigen, die es nicht erlebt hatten.

Der Film hat bleibende Bilder produziert. Er ist längst Teil der Geschichtsschreibung geworden.
Genau: Die Leute sagen, so ist es gewesen. Und das kann ich nun wirklich nicht bestätigen. Wir, Laila und ich, haben uns dann gesagt, aber was ärgern wir uns hier still und heimlich? Das ist nicht schlau. Das führt zu nichts. So lange wir uns selbst weigern, unsere Geschichten zu erzählen, dürfen wir uns nicht beschweren, wenn andere es tun. Versuchen wir es also nochmal!

Der Donnersmarck-Film hat Sie zornig gemacht?
Nicht nur mich. Der lag doch vielen im Osten quer im Hals. Ich habe mit dem Florian auch eine längere Diskussion darüber geführt, ich dachte, wenn ich ihn treffe, ist es nur ehrlich, ihm als Kollege meine, unsere Meinung zu sagen. Ich greife seinen Film ja nicht wegen des Handwerks an, da ist er über jede Kritik erhaben. Er hat nur eben mit der Realität wenig zu tun. Er erzählt die DDR als Hollywood-Märchen. Er entlastet seine Figuren, außer den bösen Minister natürlich, und am Ende können alle sagen, wir haben ja nur auf Anweisung gehandelt. Meine Erfahrung mit diesem System ist aber eine völlig andere. Die Stasi-Leute lebten ihren gewöhnlichen, unspektakulären Alltag. Die saßen in ihrer Neubauwohnung, putzten ihr Auto und feierten am Wochenende mit Freunden und Nachbarn Gartenfest. Montags sind sie dann ins Büro gegangen und haben Leute angeschissen. Und zwar nicht, weil ein Minister sie dazu aufgefordert hat. Sondern aus freien Stücken. Und da kommt auch Gundermann ins Spiel: Es hat nicht wenige Leute gegeben, die an das, wofür die DDR mal angetreten war, geglaubt, die aus ehrlichen Motiven heraus

Andreas Höfer und Andreas Dresen

dafür gearbeitet haben, auch dann noch, als vieles schon pervertiert war. Sie sind dann darüber gestrauchelt. Sie sind schuldig geworden. Ich erwarte einfach, dass ein Film, der keine Komödie ist, mit solchen Verstrickungen ehrlich umgeht.

Was hat von Donnersmarck auf Ihre Kritik geantwortet?
Wir haben länger diskutiert, aber der Extrakt seiner Argumentation war, dass ich meine Geschichten eben aus der Perspektive der kleinen Leute erzähle und er von der Königsebene aus. Er brauche das griechische Königsdrama. Aber das war im Grunde ja vorher klar, dass wir da nicht zueinanderkommen.

Als Gundermann das Perverse, das Faule im Staate bemerkte, ist er ausgestiegen und wurde selber bespitzelt.
Darüber hat er später kein Gewese gemacht. Wäre ja noch schöner, könnte man jetzt sagen, möchte sein, dass er nicht im Nachhinein noch rumgetönt hat. Aber das Weiterreichende ist: Er hat sich gestellt. Er ist zu Leuten hin, die er bespitzelt hat. Er hat es beim Konzert seinem Publikum gebeichtet. Und als er dann beim Interview im SFB saß, vor Anne Will und Andreas Schneider, die darüber offenbar nicht Bescheid wussten und ihn fragten, warum er sich nicht seinen Fans mitgeteilt habe, erzählte er es nicht. Seltsam, er hätte die Karte locker spielen können. Wahrscheinlich hatte er eine

tiefe Abneigung, sich auch nur ansatzweise als Helden zu stilisieren.

Vielleicht war es auch eine Verteidigungshaltung, eine neue Konsequenz, ein trotziger Stolz: Nicht vor euch mit euren so völlig anderen Leben will und muss ich mich verantworten, sondern vor mir. Mag sein, sicher. Und es geht noch weiter. Er wird in der Sendung auch nach dieser Geschichte mit dem Armeegeneral Hoffmann befragt, auf den er wegen seiner tiefen Abneigung gegen jeden Personenkult kein Loblied hatte singen wollen; diese Weigerung war ja der Hauptgrund dafür gewesen, dass er von der Offiziersschule gegangen ist oder gegangen wurde. Und diese Episode kannten die Journalisten. Darum fragten sie danach. Weil sie so schön ist und sie sie dem Publikum weiterreichen wollten. Aber Gundermann stieg einfach nicht darauf ein. Auch diese Karte ließ er stecken. Das ist schade. Und das ist auch herrlich. Das hat eine ganz andere Größe, als sie zum Beispiel ein Ibrahim Böhme gehabt hat. Ich habe ein Theaterstück über den gemacht. Der hat schränkeweise Spitzelberichte der schlimmsten Art geliefert, und hat es bis ans Ende seines Lebens geleugnet: Das ist zwar meine Schrift, aber das habe ich nicht geschrieben. Das ist zwar meine Stimme, aber das habe ich nicht gesprochen.

Sie sind der Sohn des Regisseurs Adolf Dresen, der im Zuge der Biermann-Ausbürgerung das Land verlassen hat, Ihr Ziehvater war der auch aufrührerische Christoph Schroth, allein deswegen liegt die Frage nahe: Waren Leute auf Sie angesetzt? Das ist schnell zu beantworten, ja. Aber wie gehen die Leute später damit um? Welche Konsequenzen ziehen sie für ihr Leben? Ich musste während der jetzigen Film-Arbeit oft an eine Situation Anfang der neunziger Jahre denken: Bei mir erschien mein engster Freund aus der Schulzeit, der wohnte in Mecklenburg. Abends um zehn steht er plötzlich mit einer Flasche Rotwein vor meiner Tür in Babelsberg. Wir setzen uns in die Küche, und er sagt, ich hab dich bespitzelt, all die Jahre hinweg. Da geschah etwas Seltsames: Ich kam mir blöd vor. Weder hatte ich Einsicht in meine Akten beantragt, noch war der Freund sonstwie unter Druck, er war wirklich aus freien Stücken gekommen. Und ich fühlte mich auf einmal in die Rolle des Richters gedrängt. Ich konnte ja schlecht sagen, schön, dass du gekommen bist, danke, und jetzt weiter wie vorher. Andererseits konnte ich ihn nicht rausschmeißen. Wollte ich auch nicht, denn sein Mut verdiente Respekt. Bestimmt ein Jahr haben wir versucht, die Freundschaft zu retten, doch es glückte nicht. Der Vertrauensbruch ging zu tief. Ich erinnere mich an unser letztes Gespräch auf seinem Balkon. Wir kamen wieder auf die Frage, warum, und er sagte, es ging um die Sache, da musste man manchmal solche Entscheidungen treffen. Ich erwiderte, man darf sich einer Sache wegen doch nicht über jede Moral erheben. Er rechtfertigte es weiter. In dem Moment bin ich aufgestanden und gegangen. Was ist denn mit der nächsten, mit irgendeiner anderen Sache? Setzt man sich für die auch wieder über alles hinweg?

Das sind letztlich Fragen ans rein westlich geprägte Heute und damit auch an den Westen selber. Kann der etwas lernen aus dem Film? Zunächst einmal, *den* Westen gibt es nicht. Viele Leute betrachten die Dinge differenziert. Aber die allgemeine Tendenz geht häufig dahin, dass man von denen, die im Osten gelebt haben, erwartet, sie sollten sich gefälligst für ihre Biografie entschuldigen. Weil man der Meinung ist, einem selbst wäre dieses oder jenes garantiert nicht passiert. Das halte ich für eine grobe Vereinfachung. Wer wirklich ehrlich ist, wird merken, wie leicht man sich verstrickt. Heute vielleicht nicht mit den Folgen von damals. Niemand landet mehr im Stasi-Knast. Aber Verrat, Denunziation gibt es weiterhin. Und das hat zum Teil harte Konsequenzen fürs Leben der Betroffenen. Der Film ist ein Statement dafür, dass man als Mensch Entscheidungen treffen und dafür die Verantwortung übernehmen muss – in welcher Gesellschaft auch immer.

Nun ist da nicht nur dieser eine Kern des Films, Gundermann und Stasi.
Es ist natürlich ein Film über wunderbare Musik und Lyrik, genauso einer über Gundermann und Conny, also über die Liebe. Und über Gundermann und seinen dauernden Kampf, auf der Arbeit gegen Missstände anzugehen. Das ist doch auch wieder typisch für gar nicht so wenige in der DDR gewesen, das kenne ich von mir selbst: Ich habe mich nie als Oppositioneller gefühlt. Ich wäre auch nie in den Westen gegangen, obwohl ich Gelegenheit dazu gehabt hätte. Nö, habe ich gesagt, ich will die Dinge hier verändern. Ich habe die DDR nicht kritisiert, weil ich sie abschaffen, sondern weil ich sie besser machen, sozusagen vom Kopf auf die Füße stellen wollte.

Sie sind ab 1986 bis in die Wende hinein Student an der Filmhochschule Babelsberg gewesen, wie war die Atmosphäre dort?
Ich hatte großes, sozusagen historisches Glück. Als ich dort begann, wurde Lothar Bisky Rektor. Er war ein Vertreter von Perestrojka und Glasnost, er hat alles getan, damit wir Studenten die Filme machen konnten, die wir machen wollten, das war in Babelsberg bis dahin alles andere als selbstverständlich gewesen. Auch so ein DDR-Paradox – ich habe mich oft gefragt, wie es passieren konnte, dass ein so aufklärerischer Geist an die einzige Medienhochschule des Landes als Rektor berufen wurde. Entweder war da jemand besonders schlau oder besonders dumm.

Haben Sie seinen Weggang in die Politik bedauert?
Wir waren nach meiner Hochschulzeit eng befreundet, haben viel miteinander gesprochen. Ich erinnere mich an ein Telefonat, nachts, Mitte der neunziger Jahre, er hatte aufgehört als linker Parteivorsitzender und sollte doch wieder ran. Andi, sag mir, was ich tun soll. Lothar, lass es sein, mach es nicht, du wirst zwischen den Fronten zerrieben. Und er hat es natürlich doch gemacht. Und so war es auch schon gewesen, als er die Schule verließ. Wenn ich nicht in die Politik gehe, hat er gesagt, ist es zwar schön für euch, aber ich werde unglaubhaft mit allem, was ich die letzten vier Jahre gesagt habe. Ich wollte doch die Veränderung, also bin ich in der Pflicht. Er tat mir dann oft leid. Weil ich gesehen habe, wie er gelitten hat. Er war überhaupt kein Ellbogentyp.

Da wir vorhin bei geschaffenen bleibenden Bildern waren: Ein reales bleibendes Bild ist, wie er wieder und wieder nicht gewählt wurde als Bundestags-Vizepräsident.
Am liebsten wäre ich dort hineingegangen und hätte den Leuten, die ihn als Rote Socke abqualifizierten, erzählt, wie Lothar Bisky im September '89, also vor der Wende, in der Studentenvollversammlung aufgetreten ist: Ich muss was sagen. Ich glaube, die nächsten Wochen und Monate werden interessant und schwierig in diesem Land und damit auch an dieser Hochschule. Ich stelle hiermit die Vertrauensfrage. Ich verlasse jetzt den Raum. Beredet euch und teilt mir eure Entscheidung mit. Es hat keine zwei Minuten gedauert, dann war die Entscheidung klar.

Alexander Scheer und Andreas Dresen

Wie haben Sie sie ihm mitgeteilt? Durch kurze Worte? Klatschen?

Das weiß ich nicht mehr genau. Ich war wie benommen, schon als er es sagte. Welcher Rektor einer DDR-Uni hat sich denn so etwas getraut? Für seine Chefs muss das völlig absurd gewesen sein: die Studenten fragen! Es war das erste Mal, dass einer erklärte, ich brauche eure Legitimation, sonst bin ich hier falsch, es war das erste Mal, dass ich wahre Demokratie erlebt habe. Das alles hätte ich dem Deutschen Bundestag wirklich gern erzählt. Der Mann war mutiger und sicher demokratischer als die meisten von denen, die dort saßen.

Zurück zum Film und zu Gundermann. Lag es für Sie, vielleicht ohne es auszusprechen, von Anbeginn auf der Hand, dass Alexander Scheer ihn spielen sollte?

Ich hatte ihn im Blick, das ja. Er ist ein hinreißender, leidenschaftlicher Schauspieler – und er ist darüber hinaus ein Verwandlungskünstler, er zieht sich die Figur wie eine zweite Haut rüber. Aber da das Projekt ein so altes war, hatte ich auch lange an Milan Peschel gedacht. Vor vielen Jahren waren wir sogar schon im Gespräch darüber. Und dann ist er quasi aus dem Projekt rausgealtert. Er ist jetzt 50, er kann keinen knapp über 20-Jährigen mehr spielen.

Eine schöne Nebenrolle hat er.
Einen Superauftritt, ja. Ich versuche, wenn es irgendwie geht, mit denselben Leuten zu arbeiten, das ist bei mir fast eine Art Ensemble. Aber die Besetzung klappt eben nicht immer. Manchmal hat jemand während der Drehwochen schon eine andere Verpflichtung, manchmal habe ich für jemanden über Jahre keine passende Rolle. Steffi Kühnert zum Beispiel hätte ich jetzt gern wieder besetzt. Aber es war einfach nichts dabei für sie.

Scheer ist von seiner ganzen Mentalität her ein Rock'n'Roller. Nach dem, was er mir erzählt hat, muss er sehr dafür gekämpft haben, die Songs nicht Playback zu spielen …
… und ich habe ihn gut verstanden. Er ist ja ein Wahnsinniger, ein Spielwütiger. Er will seine Energie austoben. Das ist auch sein Recht. Es ist seine Arbeit. Aber der Film ist nun mal auch ein technisches Medium. Jede Konzertsequenz besteht aus zig Schnitten. Sie entwickelt sich aus einem Dutzend verschiedenen, mit zwei oder drei Kameras gedrehten Takes, da brauche ich, wenn eine Band spielt, ein stehendes Metrum. Ich kriege sonst keine Synchronität rein und bin im Schnitt geliefert. Ein Schauspieler muss sich um dieses Technische nicht kümmern. Soll er auch gar nicht. Ich bin in meiner Funktion ja auch der Mittler zwischen ihm und der Technik. Wenn Alex eine komplizierte Live-Nummer macht, braucht er unter Umständen 25 Versuche, weil er sich verspielt oder versingt. Ist doch klar: Es sind so viele Songs gewesen, manchmal hat er an drei Tagen hintereinander jeweils drei gehabt, und dazu jede Menge Text. Aber ich habe noch 200 Komparsen in historischer Maske und Kostümen, ich habe Spezialeffekte, weil ich aus den 200 Komparsen 2000 zaubern muss – ab einem gewissen Punkt kommt da schon der Zwang zur Effizienz ins Spiel, und ich muss sagen: Pass auf, Alex, ich kann es mir jetzt nicht leisten, mit dir 25 Takes auszuprobieren, das Ding muss fertig werden. Wenn wir mit kleinerem Set unterwegs sind, geht es. Haben wir auch gemacht. Aber für 200 Komparsen brauche ich noch 16 Ankleider und 16 Maskenbildner, dazu Aufnahmeleiter, Catering, es ist ein Riesenzirkus, ich darf mit dem nicht eine Überstunde nach der anderen produzieren, jede kostet Tausende Euro. Ich kann die 200 Komparsen auch nicht endlos in Regen und Kälte stehen lassen, ich will und darf sie nicht so behandeln. Das kann Alex in allen Einzelheiten gar nicht überblicken. Muss er auch nicht. Aber er muss dann verstehen: heute Playback, nicht live.

Haben Sie sich angeschrien irgendwann?
Einmal wurden wir energischer. Das ist auch okay. Am nächsten Tag habe ich ihm gesagt: Ich bin dein Sparringspartner. Brüll mich an, nur zu, das Echo kommt zurück. Aber abends gehen wir ein Bier trinken. Ich bin aus einer Theaterfamilie, ich kämpfe gern mit Leuten, wenn es um die Sache geht. Bei Alex hatte ich das Gefühl, er braucht auch einfach einen gewissen Widerstand, sonst passiert nichts. Also biete ich ihm den. War dann aber meist gar nicht nötig.

Im Studio wurde er von der früheren Band von Gisbert zu Knyphausen begleitet. Warum nicht von Gundermanns Seilschaft, *die doch auch noch spielt?*
Das sind tolle Musiker in der *Seilschaft*. Aber es ging uns darum, die Songs der neunziger Jahre auch für das Jahr 2018 zu erschließen. Es war damals ein anderer Sound, aus dem wollten wir die Musik ein bisschen rausholen. Wir wollten nahe dran sein und gleichzeitig weit weg. Also die Interpretation nicht stark verändern und trotzdem modernisieren, verschlanken. Und da kam es uns sehr zupass,

dass Gisbert, mit dem ich befreundet bin, uns seine alten Musiker vermittelte. Sie sind ja alle aus dem Westen und lernten Gundermanns Repertoire erst kennen. Sie konnten viel leichter eine eigene Sicht darauf entwickeln, als es diejenigen gekonnt hätten, die schon so lange damit vertraut sind. Zwei von Gisberts Leuten spielen dann sogar im Film mit.

Und warum die anderen nicht?
Weil wir natürlich eine Frau hinter den Drums brauchten. Und weil es eine fast unlösbare Aufgabe gewesen wäre, ausnahmslos Leute zu finden, die es musikalisch draufhaben, in kürzester Zeit im Studio aufzunehmen, und die dann auch noch schauspielern können. Wir mussten das trennen und haben deswegen eine Filmband zusammengestellt, aus gecasteten Leuten. Es sind Schauspieler, die auch gute Musiker sind, und Musiker, die gut schauspielern können.

War es der aufwendigste Film, den Sie je gemacht haben?
Nein, das war TIMM THALER, das lag allein schon in der Natur des Märchenfilms. Aber GUNDERMANN war mein anstrengendster Film, aus verschiedenen Gründen. Zum einen hat er mir emotional wahnsinnig viel abverlangt. Gundermanns Lieder rühren mein Herz, und dieses Gefühl wollte ich natürlich in den Film transportieren. Zum anderen hat die Drehwoche im Tagebau Nochten mich und alle in der Crew physisch an die Grenzen getrieben – und sehr bewegt hat sie uns auch. Ich glaube, wir sind das erste und vielleicht letzte Spielfilmteam, das in einem laufenden Tagebaubetrieb gedreht hat. So etwas kann praktisch nur sehr schwer funktionieren, aber was uns in Nochten alles ermöglicht wurde, war sensationell. Die Kollegen dort haben extra eine Straße gebaut, damit wir die historischen Fahrzeuge runterkriegen; es ist ja ein Gelände, wo man bei entsprechendem Wetter bis zu den Knien im Schlamm steht. Sie haben acht Wochen im Voraus ihre eigene Arbeit geplant, haben Schichten in andere Tagebaue verlegt, denn es durfte ja nicht passieren, dass wegen uns in Berlin die Lichter ausgehen. Nochten, das ist die Stromreserve von Berlin. Neben dem Tagebau steht ein großes Kraftwerk, die Kohle wird direkt verstromt, es war eine Wahninnslogistik für die Kumpel, den Nachschub zu organisieren. Aber sie haben von Anfang an gesagt, sie wollen diesen Film. Sie wollen ihn wegen Gundermann. Weil er einer von ihnen gewesen ist.

Was im Einzelnen hat Sie physisch an die Grenzen getrieben? Wie liefen die Dreharbeiten in der Kohle ab?
Zunächst mal, das ist ein gigantischer Betrieb, mit einer Ausdehnung von 30 Quadratkilometern. Wir haben in Bad Muskau gewohnt. Morgens sind wir mit unseren Autos zur Basis gefahren, die wir oberhalb des Tagebaus aufgebaut hatten, da befanden sich dann also Maskenmobil, Catering et cetera. Von dort ging es mit den Spezialfahrzeugen des Tagebaus in die Grube. Man ist da eine halbe Stunde oder noch länger unterwegs, je nachdem, wo man hin muss. Das bedeutet, wir hatten unten den ganzen Tag über keine Basis, wir konnten nicht schell mal zum Maskenmobil. Wir haben die Klos auf dem Bagger genutzt, einmal sogar mit 70 Leuten. Ursprünglich hatten wir den Kumpels gesagt, wir versuchen, nicht mehr als 20 zu sein. Aber dann waren wir eben doch meist mehr. Verständlicherweise haben sie zu Beginn mit den Augen gerollt. Das legte sich. Als sie sahen, wie wir arbeiten, entstand bei ihnen auch ein gehöriger Respekt. Wir drehten, sie hatten schon zwei Schichtwechsel, und wir drehten immer noch. Wir sind an diesen Tagen um 4 Uhr aufgestanden und sind um 22 Uhr zurück im Hotel

gewesen, mit schwarzen Gesichtern natürlich und schlammverschmiert, wir sahen jeden Abend aus wie die Schweine.

Scheer erzählte, wie sachte fordernd Sie mit einem Kumpel umgegangen sind, der wohl ziemliche Sicherheitsbedenken hatte.
Die Kumpel hatten berechtigte Angst. Ich hatte die ebenso. Genau genommen war das die größte Anstrengung für mich: immer auf der Hut zu sein, dass niemandem was passierte auf oder unter diesen 40 Meter hohen, 4000 Tonnen schweren Geräten. Und dann sollte der Alex auch noch selber eins steuern! Über unser ganzes rumwuselndes Filmteam hinweg! Zum Glück ist niemandem was passiert. Als wir in der Nacht von Freitag auf Sonnabend hochkamen zur Basis, habe ich mir mit unserer Aufnahmeleiterin in den Armen gelegen, und wir haben beide hemmungslos geheult. Weil wir so fertig waren und mit einem Mal die ganze Anspannung von uns abfiel.

Nur zur Vergewisserung, Scheer hat das Monstrum nicht bedient, damit sich irgendwie das Rad schön dreht, sondern er hat wirklich Kohle rausgeholt, so ist es gewesen?
Hunderte Tonnen. Der Original-Baggerführer hat sich, für die Kamera nicht sichtbar, hinterm Fahrersitz versteckt, und hat Alex blind Anweisungen gegeben, welcher Handgriff jeweils dran ist, zum Beispiel, jetzt linker Hebel. Mensch, ick seh ja gar nich, wo ick hinfahre, hat Alex gesagt. Und der Baggerführer: Weiter, los, du merkst schon, wenn die Kohle kommt. Und im nächsten Moment rumpelt, knirscht und ächzt es gewaltig, und Alex schaufelt in sie rein.

Sie klingen geradezu schwärmerisch, und das Monate danach.
Weil ich mir vor dem Dreh nicht zu träumen gewagt hätte, dass so etwas möglich sein würde. Wir hatten uns schon alle möglichen Tricks überlegt. Man kann ja durchaus so filmen, dass die Zuschauer nicht merken, er baggert nicht selbst. Aber da genau das jetzt möglich war, erhielten wir viel realistischere Aufnahmen, mit ihm und mit dem Schaufelrad und der Kohle im Hintergrund.

Ist Ihnen durch alles dies, durch die Woche im Tagebau, Gundermann noch einmal nähergekommen?
Ja. Ich hatte vor Jahren schon einmal im Tagebau gedreht, für einen Dokumentarfilm. Aber es ist nochmal was anderes, direkt im Bagger zu sein, zehn, zwölf Stunden in der Kälte, dem Dreck, dem Krach. In der Enge auch. Wenn wir mit zwei Kameras drehten, haben sich die Leute in die letzten Ecken gequetscht. Und wenn eine Kamera frei war, habe ich sie rumgeschickt, für zusätzliche gute Bilder. Das war uns wichtig, weil diese Welt für Gundermann essentiell ist. Aus dem Bergbau zieht er seine Poetik. Man versteht ihn dort erst so richtig.

An GUNDERMANN, das ist immer wieder spürbar, hängt Ihr Herz. Nun ist es aber so, dass Ihr Stamm-Produzent Peter Rommel ausgerechnet diesen Film nicht produziert hat. Warum nicht?
Ich kenne Peter seit 1989, er ist einer, der sich sofort für den Osten, für uns junge Babelsberger interessiert hat. Heute ist er ein sehr guter Freund und Vertrauter. Er hat nur eben zu diesem Stoff keinen rechten Zugang gefunden. Das war allerdings auch in einer frühen Drehbuchphase. So ist es manchmal. Wir waren dann bei einer anderen Produktionsfirma, und bei der hatten wir nach Jahren das Gefühl, wir ziehen nicht mehr an einem Strang, wir sind uns über die Richtung des Stoffes nicht

Andreas Dresen mit Kinddarstellerin Marlene Marczok

einig. Darum trennten wir uns. Ich dachte damals, das wird nichts mehr, der Gundermann-Film stirbt. Aber plötzlich, mit dem Erscheinen von Pandora, kam Wind in die Sache. Manche Projekte sind halt kompliziert, wie kompliziert, weiß man immer erst hinterher. Nicht alles geht so wie WOLKE 9: im Januar die Idee gehabt, im Mai gedreht.

Kurz noch zu der anderen Produktionsfirma, worin bestand das Problem bezüglich des Stoffes?
In unterschiedlichen Sichten auf die Figur Gundermann. In unterschiedlichen Auffassungen darüber, wie man mit seiner Stasi-Geschichte umgehen sollte. Ich hatte das Gefühl, dass erwartet wird, die Figur sollte sich reuevoller zeigen.

Eine Sache von Ost-West-Prägungen wieder?
Auch. Aber ich kann gar nicht sagen, ob es nur diese Ost-West-Haltungen waren. Man muss ja bedenken: Wir reden über vier, fünf Millionen Euro, das ist eine wirtschaftliche Größenordnung. Da muss man gute Gründe vorbringen und das Projekt immer wieder verteidigen, und wenn man es nicht durchbringt, hatte man vielleicht auch nicht genü-

gend Argumente. Ich bin ja selbst oft tastend und unsicher. Ich bin nicht superschlau.

In Ihren Worten klingt an, dass es nicht einfach war, das Geld aufzutreiben, oder interpretiere ich Sie da falsch?

Es war kompliziert. Einmal bei einer Förderung bin ich sogar richtig wütend geworden. Wir bekamen erst eine Ablehnung. Aus der Sitzung drang zu uns, dass man fragte, warum denn ein Film über diesen Gundermann. Den kenne doch niemand. Ich habe einen Brief geschrieben: Wenn es Rio Reiser wäre, ginge das locker durch. Warum muss ich dann begründen, wenn ich eine Geschichte aus meiner Lebenswelt erzählen will? Warum muss ich eine Extra-Rechtfertigung liefern? Ich habe auch geschrieben, was vorhin schon anklang: Meine Mitstreiter und ich, wir wollen die Deutungshoheit über unsere Biografien zurück. Die Produktionsfirma und der Verleih sind ebenfalls in Widerspruch gegangen, es wurden mehrere Texte versandt. Und das hat offensichtlich gefruchtet. Wir bekamen die Förderung, in voller Höhe.

Sie sagten, Sie sind oft tastend. Aber Sie werden schon auch deutlich; wenn es nottut, deutlicher als früher?

Mag sein, dass ich vehementer und schärfer geworden bin in einigen meiner Urteile. Ich spüre eben, was ein Projekt wie GUNDERMANN betrifft, auch eine gewisse Dringlichkeit. Ich bin jetzt an dem Punkt, wo ich so eine Geschichte unbedingt erzählen will, ob jemand sie sehen mag oder nicht. Ich muss das jetzt machen. Jetzt habe ich die Erfahrung und die Kraft. Irgendwann werde ich es nicht mehr können. Allzu viele Gelegenheiten wird es nicht mehr geben.

Was erhoffen Sie sich vom GUNDERMANN?

Der Film soll genügend Fragen und Widersprüche aufwerfen, dass man als Zuschauer am Ende zum Streiten aufgelegt ist und die Geschichte in einem weiterarbeiten kann. Ich trete ja nicht an, um irgendwas zu verkünden. Ich habe auch keine Wahrheit über Gundermann. Das wäre anmaßend. Ich nehme sein Leben, um zu erzählen, wie es einem ergehen konnte in der DDR und danach. Über die Frage, ob der Film erfolgreich sein wird oder nicht, zerbreche ich mir nicht den Kopf. Man kann es sowieso nie wissen, ich habe mich da schon zu oft geirrt. Und außerdem: Etwas Erfolgreiches kann schnell vergessen werden, etwas Erfolgloses kann doch noch seinen Weg machen. 1992 wollte niemand STILLES LAND sehen. 2005 wurde er im Rahmen einer Debütfilmreihe auf DVD veröffentlicht. Ein paar Besprechungen erschienen, und plötzlich war der Film da. Fast wie ein Klassiker kam er aus der Versenkung. Seitdem läuft er immer mal wieder auf Retrospektiven und im Fernsehen. Sein einstiger Nachteil, die Unmittelbarkeit, ist wohl zum Vorteil geworden, zum bleibenden Ausdruck eines Lebensgefühls. Mit einem Wort: Die Zeit wird alles zeigen. Sie ist der geduldigste Zuschauer.

Anhang

Autorenverzeichnis

Andreas Leusink
Geboren 1958 in Berlin. Nach Abitur und Armeedienst Volontär im Henschelverlag Kunst und Gesellschaft. Von 1981 bis 1986 Studium der Germanistik an der Humboldt-Universität zu Berlin. Seit 1986 bei henschel SCHAUSPIEL angestellt, ab 1990 als Geschäftsführer. Neben der dramaturgischen Arbeit im Filmbereich betreut Leusink eine Reihe von Drehbuchautoren (u. a. Wolfgang Kohlhaase, Stefan Kolditz, Laila Stieler) und Filmregisseuren (u. a. Jo Baier, Andreas Dresen, Urs Egger, Güzin Kar) auch als Agent.

Jürgen Balitzki
Geboren 1948 in Berlin. Nach dem Studium der Journalistik und Kulturwissenschaften Musikjournalist beim Jugendradio DT 64. Chefredakteur der Musikzeitung *NMI*, Buch-Autor (u. a. CASTORF, DER EISENHÄNDLER, Ch. Links Verlag, 1995), Feature-Redakteur (Prix Europa 2013), Moderator ORB / rbb.
Jüngere Feature-Produktionen: RESTRIKTIONSFREIE ZONE – FREEJAZZ MADE IN GDR / rbb 2014, BAKSCHISCH – REPUBLIK – NACHKLÄNGE EINES WENDE-SONGS DER BAND HERBST IN PEKING / DLF 2015, DEMONTAGE DES RÄUBERRADS – DIE LETZTEN MONATE DER ÄRA CASTORF, DLF, 2017.

Christiane Baumann
Geboren 1963 in Vorpommern, freie Journalistin und Autorin in Berlin. Nach dem Studium der Germanistik an der Humboldt-Universität zu Berlin seit 1990 journalistisch tätig, Mitbegründerin und Redakteurin der Frauenzeitschrift *Ypsilon* im Ost-Berliner Basisdruck Verlag, ab 1992 freiberuflich für Hörfunk, Presse und Fernsehen; veröffentlichte zwischen 2006 und 2017 mehrere Bücher zur Kulturgeschichte der DDR, die u. a. Präsenz und Einflußnahme des MfS in kulturellen Institutionen thematisieren.

Sebastian Deufel
Geboren 1979 in Freiburg im Breisgau. Von 1999 bis 2006 Studium Jazzschlagzeug, Komposition und Popmusik in Hamburg und Hannover. Lebt seit 2004 in Berlin.
Mitglied in zahlreichen Bands, u. a. *Gisbert zu Knyphausen* und *Pure Desmond*. Konzerte, Festivals und Tourneen weltweit, mehr als 20 CD-Einspielungen für diverse Künstler.
Außerdem Komponist für Theatermusik, u. a. für Deutsches Theater Berlin, Schauspiel Frankfurt, Schauspiel Hannover, Thalia Theater Hamburg.

Ingo »Hugo« Dietrich
Geboren 1957. Studium der Kultur- und Theaterwissenschaften an der Humboldt-Universität zu Berlin; arbeitete als Produzent für Liedermacher und Jazz beim Rundfunk der DDR; nach 1990 Ma-

nager für *Keimzeit* und Gina Pietsch, Mitorganisator des Zwischenweltfestivals in Berlin und Musiker in verschiedenen Bands und bei diversen Projekten. Lebt in Woltersdorf bei Berlin als freiberuflicher Musiker, Produzent, Layouter und Projektbetreuer.

Andreas Dresen
Geboren 1963 in Gera. 1986–1991 Regiestudium an der Hochschule für Film und Fernsehen »Konrad Wolf« in Potsdam-Babelsberg. Seit 1992 arbeitet er als freier Autor und Regisseur. Zu seinen Filmen gehören vielfach ausgezeichnete Produktionen wie NACHTGESTALTEN (1999 / Deutscher Kritikerpreis, Deutscher Filmpreis in Silber), HALBE TREPPE (2002 / Silberner Bär), SOMMER VORM BALKON (2006 / Bayerischer Filmpreis für Beste Regie), WOLKE 9 (2008 / COUP DE COEUR in Cannes, Deutscher Filmpreis für Beste Regie), WHISKY MIT WODKA (2009 / Preis für Beste Regie in Karlovy Vary) und HALT AUF FREIER STRECKE (2011 / Preis der deutschen Filmkritik auf der Berlinale, Erster Preis – Un Certain Regard in Cannes).

Dresen inszeniert auch am Theater, u. a. am Schauspiel Leipzig und dem Deutschen Theater Berlin, am Theater Basel sowie an der Bayerischen Staatsoper. Er ist Mitglied der Akademie der Künste Berlin-Brandenburg, der Europäischen Filmakademie und Gründungsmitglied der Deutschen Filmakademie sowie Richter am Verfassungsgericht des Landes Brandenburg.

Mario Ferraro
Geboren 1962 in Ost-Berlin. Nach der Lehre (Elektroniker) und ersten Gitarren- und Bandversuchen 1989 Gründung der *Wilderer*. 1990 / 91 Zusammenarbeit der *Wilderer* mit Gerhard Gundermann. Von 1992 bis 1998 Gitarrist bei *Gundermann & Seilschaft*. In dieser Zeit entstanden die Alben DER 7TE SAMURAI, FRÜHSTÜCK FÜR IMMER (auch als Co-Produzent), SILLY + GUNDERMANN & SEILSCHAFT UNPLUGGED sowie ENGEL ÜBER DEM REVIER.

Mario Ferraro spielt heute in den Bands *Polkaholix* und der *Seilschaft*. Parallel dazu Tätigkeit als Musiker, Mixer und Produzent mit diversen Künstlern und Projekten (Christian Haase, THE HIDDEN CAMERAS, ONLINEROCKER).

Conny Gundermann
Geboren 1956, verbringt Kindheit und Jugend in Hoyerswerda. Dort beggnete sie Gerhard Gundermann und gründete gemeinsam mit ihm und Freunden das Liedtheater *Brigade Feuerstein*.
1983 heirateten Conny und Gerhard Gundermann und ziehen in eine Arbeitersiedlung nach Spreetal bei Hoyerswerda.
Conny Gundermann ist Mutter von drei erwachsenen Kindern und lebt heute in Berlin-Prenzlauer Berg.

Peter Hartwig
Geboren 1964 in Potsdam-Babelsberg. Lehre als Offsetdrucker. Studium der Produktion an der Hochschule für Film und Fernsehen »Konrad Wolf« in Potsdam-Babelsberg. Danach Produzent, Herstellungsleiter, Produktionsleiter bei ca. 60 Filmen. Darunter alle größeren Filme von Andreas Dresen sowie Filme von Oskar Roehler, Dani Levy, Urs Egger, Wolfgang Kohlhaase, Denis Dercourt, Tim Trageser, Connie Walther, Andreas Kleinert, Gero von Boehm, Philipp Stölzl, Friedemann Fromm, Hans Steinbichler, Nora Fingscheidt, Volker Schlöndorff.

Hartwig arbeitet seit vielen Jahren als Fotograf.

Andreas Höfer
Geboren 1964 in Potsdam-Babelsberg. Von 1986 bis 1991 Studium an der Hochschule für Film und

Fernsehen »Konrad Wolf« in Potsdam-Babelsberg. Kameramann bei mehr als 60 Spiel- und Dokumentarfilmen, u. a. für die Regisseure Andreas Dresen und Volker Schlöndorff. Parallel zum Film gibt es zahlreiche Fotoarbeiten, die in Ausstellungen und Publikationen veröffentlicht wurden.

Lutz Kerschowski
Geboren 1953 in Berlin-Pankow. Nach dem Abitur kein Studium, sondern diverse Jobs u. a. Bassist und Gitarrist bei *Regenmacher* (Zusammenarbeit mit Gerhard Gundermann). Ab 1984 *Kerschowski-Band* (LPs WEITERGEHN 1986, BLANKENFELDER BOOGIE BAND 1988 / 90, VORBEI IS VORBEI 1994). 1990 – 96 Zusammenarbeit mit Rio Reiser und Gitarrist in dessen Band. Ab 1996 Aufbau des Rio-Reiser-Archivs und Produktion von 40 Rio- und *Scherben*-CDs, parallel dazu etwa 40 Filmmusiken (u. a. für POLIZEIRUF 110, TATORT, SCHIMANSKI).

Maxi Leinkauf
Geboren 1975, aufgewachsen in Ost-Berlin. Nach dem Studium der Politikwissenschaften in Berlin und Paris Volontariat beim *Tagesspiegel*. Mehrere Jahre als freie Journalistin für Zeitungen und Magazine. Seit 2010 Redakteurin bei der Wochenzeitung *Freitag* im Bereich Alltag und Kultur. Leinkauf schreibt vor allem Porträts, Interviews und Reportagen, u. a. auch aus Frankreich und Italien.

Birk Meinhardt
Geboren 1959 in Ost-Berlin. Nach dem Studium der Journalistik in Leipzig arbeitet er 14 Jahre als angestellter Journalist im Ressort Sport bei überregionalen Zeitungen, anschließend 16 Jahre ausschließlich als Reporter der *Süddeutschen Zeitung*. Für seine Texte erhielt er zweimal den Egon-Erwin-Kisch-Preis. Meinhardt schreibt auch Prosa. Der Roman BRÜDER UND SCHWESTERN wurde für den Preis der Leipziger Buchmesse nominiert.

Tina Powileit
Geboren 1959 in Berlin. 1976 – 1978 Lehre zum Wirtschaftskaufmann. Noch in der Lehre 1978 – 1979 an der Musikschule Berlin-Treptow Unterricht im Fach Drums bei Klaus Selmke (Schlagzeuger von *City*), ab 1979 für vier Jahre an der Musikschule Friedrichshain, Fach Drums, Sonderstufe. Ab 1982 Schlagzeugerin der ersten erfolgreichen Frauenband der DDR *Mona Lise* als Berufsmusikerin. 1984 – 1988 Fernstudium an der Musikhochschule »Karl-Maria v. Weber« in Dresden.
1987 Hauptrolle im DEFA-Film DIE ALLEINSEGLERIN. 1992 – 1998 Schlagzeugerin bei *Gundermann & Seilschaft*.
Nach dem Tod von Gerhard Gundermann 1998 Rückzug aus der Musikszene. 1999 – 2006 stellvertretende Leiterin in einer Multisportanlage.
Ab 2006 wieder musikalische Arbeiten u. a. mit Peter Hiller, *Holly & Friends*, *Haase und Band*, *Seilschaft*. Zur Zeit mit *Simone K.* (Kotowski) *und Band*, *Dirk & Friends*, *Liedgefährten*. Als Gast u. a. bei Dirk Zöllner, Hans die Geige, *Speiches Monokel Bluesband*.

Jens Quandt
Geboren 1964. Ausbildung Klavier und Gitarre. Studium im Bereich Musik-, Kultur- und Medienwissenschaften sowie am Forschungszentrum Populäre Musik der Humboldt-Universität zu Berlin. 1990 – 1992 Chef des Festivals des politischen Liedes / ZwischenWelt-Festival. Moderator, Redakteur, Autor und Producer bei den Sendern DT64, Rockradio B, Fritz und Radio 3. Über 200 Künstlerinterviews, u. a. Peter Gabriel, Mark E. Smith, Herbert Grönemeyer, Chuck D. Entwicklung des Corporate-Sounds der Internationalen Funkaus-

stellung (IFA). Chefredakteur des internationalen Newsletters der Popkomm. Projektmanager für die Initiative Musik und das Bundeswirtschaftsministerium, u. a. Spielstätten-Studie, Musikatlas. Seit 2012 Dozent an der Universität Oldenburg und an der Hochschule RheinMain, Schwerpunkt Filmmusik, Sounddesign und Musikproduktion. Veröffentlichungen als Musiker, Producer, Engineer, u. a. mit *Knorkator, Die Toten Hosen, 3 Doors Down*. Seit 1999 Music-Supervisor für Kino, TV und Werbung, ab 2004 auch für die Filme von Andreas Dresen.

Alexander Scheer

Geboren 1976 in Ost-Berlin, schmeißt nach der 11. Klasse die Schule und spielt Off-Theater, erster großer Erfolg als Schauspieler in SONNENALLEE (Regie: Leander Haußmann), danach am Schauspielhaus Bochum, am Deutschen Schauspielhaus in Hamburg und an der Volksbühne am Rosa-Luxemburg-Platz. Dort spielt er 15 Jahre lang, hauptsächlich unter der Regie von Frank Castorf u. a. in DER SPIELER, DIE BRÜDER KARAMASOW und FAUST. Namhafte Regisseure engagieren ihn für ihre Filme, u. a. Fatih Akin, Matthias Glasner, Dominik Graf, Hermine Huntgeburth, Kilian Riedhof, Oskar Roehler, Christian Schwochow und Tom Tykwer.

Scheer erhielt zahlreiche Preise, u. a. Schauspieler des Jahres *(Theater heute)* und Ulrich Wildgruber Theaterpreis. Neben seiner Arbeit als Schauspieler tritt er auch als Musiker auf.

Laila Stieler

Geboren 1965 in Thüringen. Nach dem Abitur arbeitet sie zunächst bei Elektrokohle Lichtenberg, dann beim Fernsehen der DDR, bevor sie von 1986 bis 1990 Dramaturgie an der Hochschule für Film und Fernsehen »Konrad Wolf« in Potsdam-Babelsberg studierte. Seit 1990 arbeitet sie als Autorin, Dramaturgin und Producerin für Film- und Fernsehproduktionen.

Zu ihren bekanntesten Drehbüchern zählen STILLES LAND (1992), DIE POLIZISTIN (2000), die Andreas Dresen verfilmte, sowie LIEBESLEBEN (Regie: Maria Schrader), DIE FRISEUSE (Regie: Doris Dörrie).

Sie schrieb die Drehbücher zu TV-Produktionen wie MITTEN IN DEUTSCHLAND: NSU – DIE OPFER – VERGESST MICH NICHT (2016; Regie: Züli Aladag), BRIEF AN MEIN LEBEN (2015; Regie: Urs Egger) und DIE LEHRERIN (auch Producerin, 2011; Regie: Tim Trageser).

Sie erhielt u. a. den Grimme-Preis sowie den Internationalen Literaturfilmpreis.

Danksagung

Dieses Buch wäre nicht entstanden ohne die stete Hilfe von Freunden, Gefährten und Unterstützern. Der Herausgeber dankt
Jürgen Balitzki, Christiane Baumann,
Nadja Caspar, Ingo »Hugo« Dietrich,
Andreas Dresen, Mario Ferraro, Conny Gundermann, Peter Hartwig, Andreas Höfer,
Björn Hoffmann, Maxi Leinkauf, Birk Meinhardt,
Lutz Kerschowski, Klaus Koch, Christoph Links,
Jens Quandt und Alexander Zschiedrich
sowie Veronika Brodmann, Rockband 42 A e. V.,
Ilona und Jürgen Schwemmer,
Regina und Heino Streller, Jens-Tilo Weise,
Horst und Gisela Zocher
und besonders Laila Stieler.

Rechtenachweis

© Peter Hartwig: Umschlagrückseite sowie hintere Umschlagklappe, Seite 6, 22, 34, 63, 68, 70, 73, 74, 76, 79, 81, 122–126, 127 oben, 128, 133, 134, 135, 145–159, 160, 163, 166, 170. Die Nutzung der Fotos von Peter Hartwig erfolgt mit freundlicher Genehmigung von Pandora Filmverleih.
© Andreas Höfer: Umschlagvorderseite, Seite 59–61, 65 (oben), 101, 102/103, 106/107, 108, 172, 174
© Ingo »Hugo« Dietrich: Seite 10, 12, 14, 17, 46
© Lars Lenski: Seite 127 unten
© Volker Hedemann: Seite 53
© Andreas Leusink: Seite 20, 112, 117
© Volker Palme: vordere Umschlagklappe, Seite 65 unten
© Ulrich Burchert: Seite 38, 42
© Privatbesitz: Seite 32, 90, 93–100
© BSTU, MFS, BV Cottbus, AIM 734/84, Teil I, Bd. 1, Bl. 262: Seite 82
© BSTU, MFS, BV Cottbus, AKG 1589, Bl. 6: Seite 89
© Pressestelle der Stadt Hoyerswerda: Seite 30

Die Nutzung der Texte von Gerhard Gundermann auf dem Umschlag vorn und auf den Seiten 26, 29 sowie innerhalb des Textes von Ingo »Hugo« Dietrich (Seite 48, 50 f., 52, 54, 55, 56 f., 58 f.) sowie die Nutzung des Dokumentes auf den Seiten 96 ff. erfolgt mit freundlicher Genehmigung von Conny und Linda Gundermann.
Die Nutzung des Textes von Gerhard Gundermann auf Seite 33 erfolgt mit freundlicher Genehmigung von BuschFunk Musikverlag GmbH.

Besetzung des Films GUNDERMANN

Gerhard Gundermann Alexander Scheer
Conny Gundermann Anna Unterberger

Helga Eva Weißenborn
Führungsoffizier Axel Prahl
Puppenspieler Thorsten Merten
Wenni Benjamin Kramme
Irene Kathrin Angerer
Volker Milan Peschel
Parteisekretär Bjarne Mädel
Werner Walde Hilmar Eichhorn
Angestellter Gauckbehörde Alexander Hörbe
Veteran Peter Sodann
Hamacher Peter Rappenglück
Helmut Peter Schneider
Tagebauleiter Alexander Schubert
Die Seilschaft
   Tina Lizzy Scharnofske
   Andy Steffen Lehmann
   Mario Mika Amsterdam
   Micha Sebastian Deufel
   Thommi Frenzy Suhr

Reporter Hans-Dieter Schütt
Krankenschwester Andrea Brose
Junge Krankenschwester Leni Wesselman
Vater Gundi Horst Rehberg
Brigade Feuerstein
   Olivia-Patrizia Kunze
   Till Kratschmer
   Jan Maihorn
   Johannes Martin
   Johannes Reinecke
   Richard Schaeffer
   Micha Voßmeier

Stab des Films GUNDERMANN

Drehbuch Laila Stieler
Regie Andreas Dresen
Produzent Claudia Steffen
           Christoph Friedel
Koproduzent / Produktionsleiter Peter Hartwig
Redaktion Cooky Ziesche (rbb)
          Andreas Schreitmüller (Arte)
          Dagmar Mielke (rbb / Arte)
Kamera Andreas Höfer
Szenenbild Susanne Hopf
Kostümbild Sabine Greunig
Maskenbild Grit Kosse
            Uta Spikermann
Besetzung Karen Wendland
Schnitt Jörg Hauschild
Music Supervisor Jens Quandt
Ton Peter Schmidt
Mischung Ralf Krause
Pandora Filmverleih Björn Hoffmann

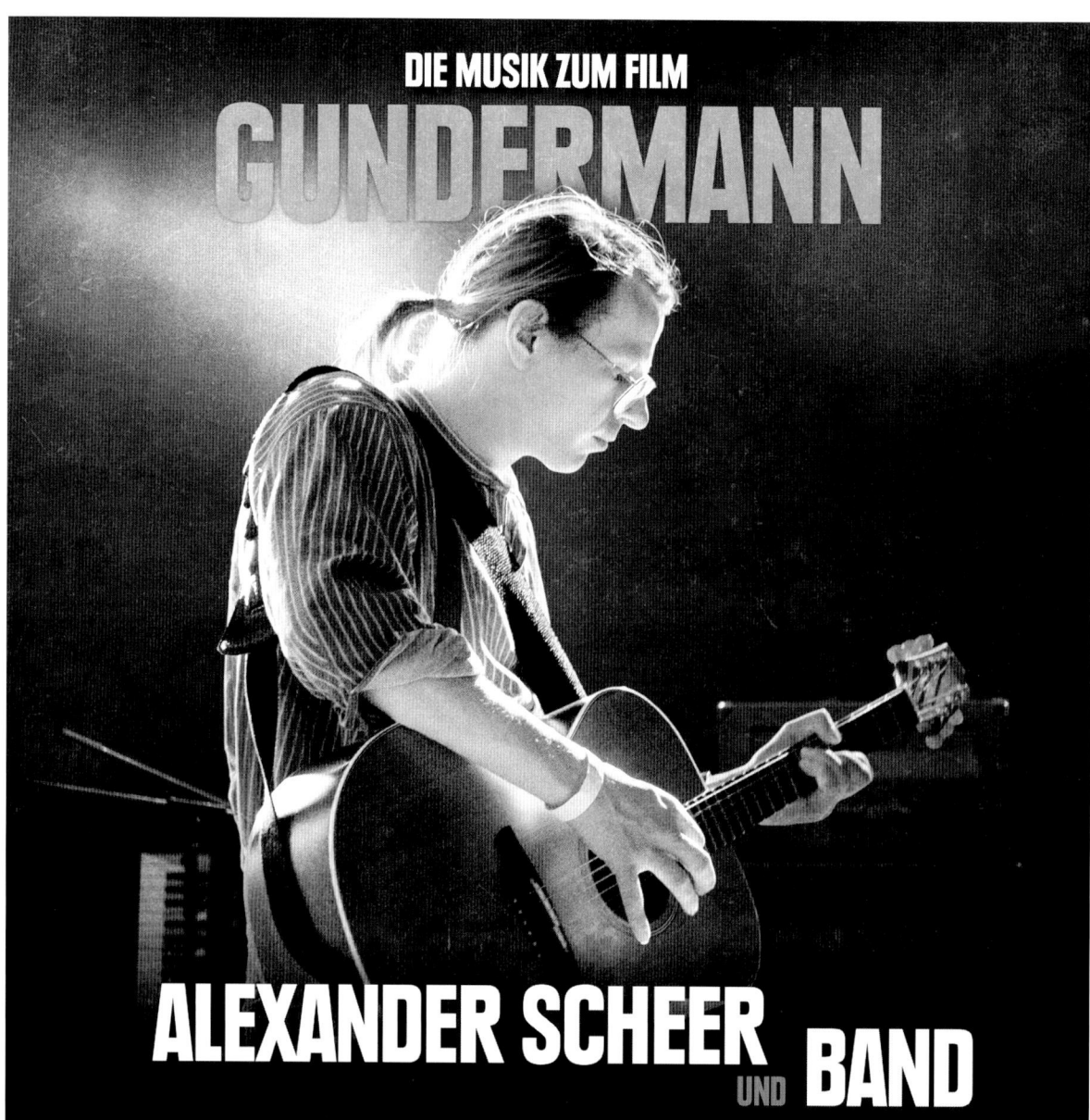

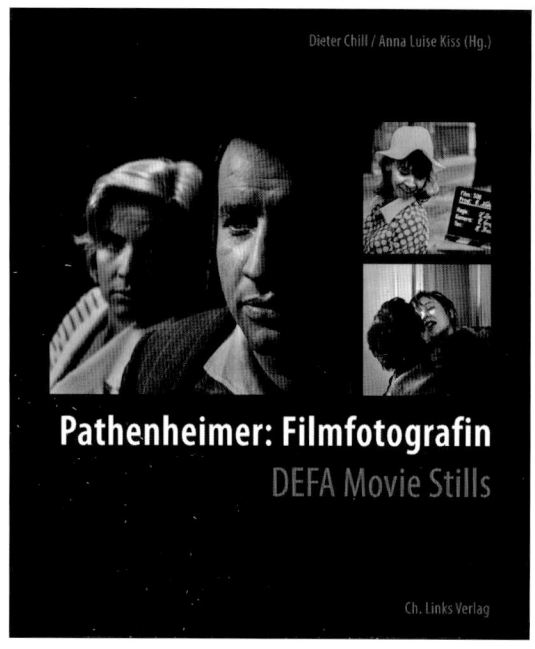

Dieter Chill, Anna Luise Kiss (Hg.)

Pathenheimer: Filmfotografin

DEFA Movie Stills

200 Seiten, 189 Abb., Broschur
ISBN 978-3-86153-928-5
20,00 € (D) · 20,60 € (A)

»Sie zeigen Szenen mit Menschen in Freude, Angst und Trauer, in Anspannung und Ausgelassenheit, mit Tanzenden und Arbeitenden, mit Soldaten und Kriminellen, Szenen in Landschaften und Städten – ausdrucksstark, kontrastreich, berührend.«

Freie Presse

Markus Decker

Was ich dir immer schon mal sagen wollte

Ost-West-Gespräche

288 Seiten, 15 Abb., Broschur
ISBN 978-3-86153-846-2; 18,00 € (D) · 18,50 € (A)

»Nein, es ist nicht langweilig, wenn Ost- und Westdeutsche miteinander über ihr Immer-Noch-Verschiedensein sprechen und über ihr Schon-ziemlich-Gleichsein. Es müssen nur die richtigen Wessis und Ossis sein.«

n-tv

www.christoph-links-verlag.de

Michael Kleff, Hans-Eckardt Wenzel (Hg.)

Kein Land in Sicht

Gespräche mit Liedermachern
und Kabarettisten der DDR

336 Seiten, Broschur
ISBN 978-3-96289-038-4
20,00 € (D), 20,60 (A)

»Für die später Geborenen ist das Buch eine Zeitreise, die aufzeigt, was eine Phase der Ungewissheiten für Widersprüche beinhaltet und welche Chancen daraus erwachsen. Für den heutigen Leser kann dies auch im Hinblick auf die Gegenwart von unschätzbarem Wert sein.«
Lena Panzer Selz, Lesart

Eckhard John

Brüder, zur Sonne, zur Freiheit

Die unerhörte Geschichte eines
Revolutionsliedes (mit einer CD)

208 Seiten, 30 Abb., Broschur
ISBN 978-3-96289-016-2
15,00 € (D) · 15,50 € (A)

Die erste Biografie eines der populärsten politischen Lieder im 20. Jahrhundert, das vom NS-Regime genauso in Dienst genommen wurde wie vom Widerstand dagegen und in den sozialistischen Staaten zum Lied der Herrschenden wurde.

www.christoph-links-verlag.de

Lutz Kerschowski,
Andreas Meinecke (Hg.)

Östlich der Elbe

Songs und Bilder 1970–2013
Mit Fotos von Ulrich Burchert

352 Seiten, 80 Abb., Festeinband
ISBN 978-3-96289-082-7
40,00 € (D) · 41,20 € (A)

Dieser einzigartige Band versammelt 216 Songtexte zahlreicher Bands von 1970 bis 2013. Vertreten sind nahezu alle relevanten Autoren aus dem Osten Deutschlands, u. a. Kurt Demmler, Gerhard Gundermann, Gerulf Pannach und Christian Kunert, Gerhard Schöne, Bettina Wegner, Hans-Eckardt Wenzel. Dazu geben 80 großformatige Schwarz-Weiß-Fotos von Ulrich Burchert Einblicke in die Musikszene und zeigen Rockmusiker, Blueser und die »anderen Bands«, aber auch den ganz normalen Alltag in Ostdeutschland. Essays von Wolfgang Herzberg, Christian Kunert, Flake Lorenz, Bernd Rump, Hans-Eckardt Wenzel und Peter Wicke runden den Band ab.

»Ein Requiem in Gestalt eines voluminösen Bildbandes.«
Steffen Könau, Mitteldeutsche Zeitung

www.christoph-links-verlag.de